體驗台灣
尋找我的創意生活風格

目　錄

經濟部工業局局長 呂正華

隨著全球消費市場需求的改變，產業趨勢已從產品、商品、服務，發展至「體驗經濟」，消費者追求的不只是物質的滿足，還有生活的五感體驗、自我生活風格的形塑等。本局推動之「創意生活產業發展計畫」正是呼應此趨勢，以產業核心知識為基礎，透過深度體驗模式、高質美感營造、事業特色經營等要素，連結地方風土文情、文化內涵等，強化企業的文化厚度，促使企業轉型升級，傳遞台灣美好的感動記憶，培養高質的風格品味，為台灣經濟發展注入了創意奔放的新活水。

創意生活事業目前共有165家遍布全台各地，為到訪的旅客創造深度的生活體驗，像是位於南投埔里的紙農書院，延續地方產業歷史，從事古法造紙、傳統梭織等技術創作，賦予紙產業新的生命；位於花蓮的七星柴魚博物館，重現過去柴魚產業樣貌，帶領旅人進入煙燻柴魚的時空，聞著柴魚製作的香氣，將海洋生態、七星潭人文發展串聯到柴魚的飲食文化，全方位傳遞海洋文化體驗；還有，台中市從事紙品開發的紙箱王，以紙為素材，結合不同媒材創造出富有在地特色的場景，開發藝術品、家具、童玩等商品，要顛覆旅人的想像空間。

《體驗台灣 尋找我的創意生活風格》一書共收錄47個精選案例，透過「生活尋味」、「主題嬉遊」、「食在大地」、「旅夢美學」等四大主題，引領讀者探索全台創意生活事業，找尋屬於自己的生活風格模式。透過編輯團隊深入採訪，走遍全台各地，從市區到鄉野，聆聽各家企業執著追尋夢想的初心，不論在技藝的傳承，或地方特產的開發，都可以感受到創意生活所帶來的悸動，生活是一場旅行，讓我們一起找尋最對味的創意生活風格。

財團法人中衛發展中心總經理　朱興華

長期以來，國內產業透過製造業穩穩打底經濟架構，隨著時代演進與知識經濟時代的環境變革下，協助企業創造獨特性及差異化，進而達到製造業服務化、服務業科技化以及傳統產業特色化，是中衛發展中心一直以來的重點目標。近年來，消費者對於創意、美學的要求更甚以往，加上深度旅遊的體驗經濟崛起，產業開始致力於創意加值與差異化或客製化體驗，如何連結在地文化、生活風格與情感元素，讓消費者體驗透過故事型塑，打造體驗的感動，進一步轉化成產品、精品，創造有價值的服務體驗，才是致勝關鍵。

經濟部工業局自92年起，每年評選創意生活產業，著重與消費者有更深的生活體驗連結，中衛發展中心協助經濟部工業局執行「創意生活產業發展計畫」，透過評選、輔導、行銷及產業合作，提供業者諮詢診斷及輔導協助，引領創意生活經營風格，發掘具備在地特色的業者，協助他們找出品牌經營的行銷管理之道，讓顧客可以認識企業的核心知識，並透過高質美感及深度體驗增進顧客整體感受。

今年受到COVID-19影響，部分業者受到人們零接觸的消費氛圍，在疫情期間營運受到衝擊，難以有合宜的行銷策略與充足的經費挹注，中衛發揮跨領域產業整合能力，協助業者在產業六級化過程中解決經營管理課題，強化營運體質，導入網路行銷，加強商家曝光度，今年創意生活產業協盟大會上更與PINKOI、KKDAY、旅行蹤等電商業者合作，增加創意生活產業能見度，吸引消費者主動上門。

本書《體驗台灣 尋找我的創意生活風格》一書收錄108年創意生活事業評選的優質店家，精選47家具有獨特經營理念與風格特色的業者，藉由實際案例分享，一窺業者經營中的辛苦點滴，透過四大分類串聯食衣住行等民生消費層面，帶領消費者一步步看見台灣的自然風景、熱情的人情味，以及無限的體驗與創造力。

林班道

板陶窯交趾剪黏工藝園區

台北蘇荷兒童美術館

北投文物館

篤行十村文化園區

讚炭工房

紙農書院

牛耳藝術渡假村

生 活 尋 味

生活是一場場旅行，追尋對味的風格，感受心境的柳暗花明。炭香、花香、木材香信手拈來，透過紙張、玻璃、交趾陶看見工藝美學，而你，想要收藏哪一種生活風格?

台灣玻璃館

新港香藝文化園區

雅聞香草植物工廠

木匠兄妹木工房-創客體驗

北區

- 北投文物館
- 台北蘇荷兒童美術館
- 台灣雅聞生技

中區

- 牛耳藝術渡假村
- 台灣玻璃館
- 木匠兄妹木工房-創客體驗
- 紙農書院
- 林班道

南區

- 板陶窯交趾剪黏工藝園區
- 新港香藝文化園區

東區

- 讚炭工房

離島

- 篤行十村文化園區

旅遊路線1 〉〉〉〉〉〉 南投山城尋味生活

1. 紙農書院
add 南投縣埔里鎮種瓜路1號
tel 0910-576490

2. 桃米生態村&紙教堂
add 南投縣埔里鎮桃米路31-6號
tel (049)291-8030

3. 妮娜巧克力夢想城堡
add 南投縣埔里鎮桃米路32號
tel (049)291-9528

4. 造紙龍手創館
add 南投縣埔里鎮隆生路118-2號
tel (049)290-2989

5. 牛耳藝術渡假村
add 南投縣埔里鎮中山路四段1號
tel (049)291-2248

6. 小瑞士花園
add 南投縣仁愛鄉仁和村170號
tel (049)280-3308

牛耳藝術渡假村

↗ 走14號省道
往小瑞士花園

埔里酒廠展售中心

國立暨南國際大學

桃米生態村

造紙龍手創館

妮娜巧克力
夢想城堡

紙農書院

紙教堂

↙ 往日月潭風景區

旅遊路線2 >>>>>> 嘉義新港地方采風

1. 新港奉天宮
add 嘉義縣新港鄉新民路53號
tel (05)374-2034

2. 新港香藝文化園區
add 嘉義縣新港鄉菜公村23-6號
tel (05)374-0007

3. 板陶窯交趾剪黏工藝園區
add 嘉義縣新港鄉板頭村45-1號
tel (05)781-0832

4. 北港朝天宮
add 雲林縣北港鎮中山路178號
tel (05)783-2055

5. 貓咪彩繪村
add 嘉義縣民雄菁埔138號
tel (05)362-1855

6. 民雄金桔
add 嘉義縣民雄鄉三興村陳厝寮38號
tel (05)272-0351

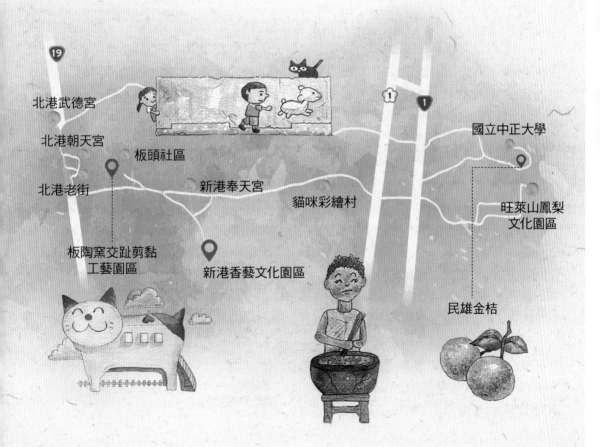

19
北港武德宮
北港朝天宮
北港老街
板頭社區
板陶窯交趾剪黏
工藝園區
新港奉天宮
新港香藝文化園區
貓咪彩繪村
國立中正大學
旺萊山鳳梨
文化園區
民雄金桔

日式美感的時空漫旅
北投文物館

設計精巧的窗櫺欄間,彷彿可見裊裊煙霧溫泉水滑的洗浴場,走入北投文物館,重返昔時溫泉街繁華歲月。在時代淬鍊的優雅空間中細品抹茶,嚐日式料理,探索台灣民藝和原民之美。

上／陶然居別館一隅。
下／常設展區(早期洋室)。

在景色優美的疊翠山巒之間,北投文物館建築成立至今已逾百年。1921年日本人興建「佳山旅館」,在當時是北投最高級的溫泉旅宿,包含兩層樓木造建築的本館,以及別館陶然居,使用最高級的阿里山檜木,融入自然光影和通風的精巧格局,還有台灣僅存的宴會大廣間,無論是建材、庭院、雕刻擺設等都極其講究,為台北地區獨一無二的日式二層樓木造建築典範。

細賞百年旅館的光陰記憶

從脫下鞋子,踏上檜木造的玄關開始,濃厚的日式氛圍即籠罩全身。館內處處蘊藏匠心獨運的巧思,「沒有一扇窗是一樣的,木格紙窗纖細工整的幾何之美,欄間細膩的雕刻圖樣,有太多都值得品味的細節。」館長李莎莉讚嘆說。書院木造式格局每個角落都自成

一景,客房內以饒富逸趣的造型內窗,各異其趣的「床之間」擺設,與四周光影自然融合,日式侘寂美學在靜謐中流淌。

隨著時代更迭,佳山旅館的命運也幾經轉折,甚至成為企業家私人別墅,最後終於以博物館的型態,使其優美的姿態得以重現世人眼前。「北投文物館是台灣第二老的私人博物館。」李莎莉說:「我們將古老建築修舊如舊,維護充滿日式美學的房舍,並加入台灣民藝器物與原住民族文物展示,做為空間的轉換與再利用。」她因為被館藏中豐富的

DATA
add 台北市北投區幽雅路32號
tel (02)2891-2318
time 週二至週日10:00~18:00,
　　 週一休館(遇假日開放)。
web www.beitoumuseum.org.tw

怡然居餐廳雅頌包廂。

左／大廣間宴會廳。**右**／日式庭院-枯山水。

1920年代日人波州繪「遊八福佳山之圖」。

原住民族服飾吸引，因緣際會成為館長，說起館內近5千件豐富收藏，可說是如數家珍。

被祝福的老靈魂轉化新風貌

「掛在佳山藝廊前的《遊八福佳山之圖》，是1920年代一位叫波洲的畫家送給當時女主人的賀禮，也是我們的鎮館之寶。」李莎莉說：「你看這8位在佳山旅館泡湯飲宴的福神多麼愉快，它展現了旅館精神，也暗喻這裡是被祝福的福地呢！」作為台灣第二古

在和室空間的體驗茶道時光，先品和菓子，讓甜味充盈口腔後，再啜飲溫潤馨香的茶湯，用舌尖品味茶菁香氣，觀賞掌心的手工茶碗，光影流轉的建築之美，讓心境也跟著沉澱。

享受日式建築所蘊含的文化詩意，床之間的骨董掛軸，欄間別具巧思的鏤空木雕，仔細觀察每個角度，都是一首優美詩篇。

老的私人博物館，守護百歲老宅與北投的溫泉文化，北投文物館希望透過互動式與沉浸式體驗，讓各個年齡層的參訪者們，都能夠自在參與並樂在其中。像是近期舉辦的「畫時代一繪筆下的近世台灣」展覽，將日治時期台灣代表畫家的畫作，結合館藏文物作展示，再配合聲音與互動AR情境，讓往昔生活樣貌走出平面，栩栩如生地重現眼前。

過去溫泉旅宿的宴飲文化，轉化為精美日式創意料理以及豐富的文化體驗。叫好叫座的茶道體驗，讓參加者完整參與正統茶道，在榻榻米上靜心品一服茶，感受動靜之間的細節美感。別館茶室、本館的靜謐客房，到可容納百人的大廣間都是活動美學教室，館內固定開課由老師教大家穿和服、親手製作和菓子，並請來三味線、漢唐樂府等藝術家表演，藉由文化藝術讓空間重現昔日佳山旅館的風采，也讓博物館更貼近人群，在生活中達到潛移默化的作用。

上／怡然居餐廳。下／浴室。

你也可以這樣玩

>>>>>>>>

享用美好的日式創意料理和下午茶

「怡然居」餐廳過去是三間和式套房，如今成為享用精緻料理和下午茶的空間。午間創意料理使用當季鮮食尋味，日式烹調清新雋永，和器皿搭配成優雅的盤中藝術。白鰻薄切佐以嫩竹筍做成小缽，鰻魚的鮮嫩和竹筍的清脆，交織成絕妙口感。燒烤金目鱸魚佐以白起司，起司和醃漬燒烤的肥嫩魚肉巧妙搭配，在口中化為醇美清香。看著窗外蓊鬱起伏的觀音山，感受日式建築的溫暖氛圍，細細品嚐9道季節菜色，最後再以清香茶韻做結尾，讓人由衷感到滿足。

互動遊戲開創美學教育新思維
台北蘇荷兒童美術館

台北蘇荷兒童美術以提升國人美學素養為目標，讓參觀者進入美術館展場就像是進入一幅畫、一件作品中，讓不懂藝術的成人，甚至完全還不識字的幼兒，能夠融入其中。群眾除了用眼睛看，還能用情感情緒感受，這使得參觀成為一項參與。　圖片提供／台北蘇荷兒童美術館

上&下／親子一起走進主題豐富的展覽場，感受館內空間營造的情境美學。

DATA
add 台北市天母西路50巷20號B1
cel (02)2872-1366
time 10:00~17:30，週一休館。（採預約參觀）
web www.artart.com.tw

來到兒童美術館展場，彷彿進入一幅畫或一件藝術作品。

一般博物館、美術館大多是將畫作懸掛靜態展覽,而在台北蘇荷兒童美術館裡,多了互動、教育功能。「參觀者」在這裡被巧妙轉換成「參與者」,直接進入可觀、可賞、可觸、可聽的美感情境中,體悟美學的基本語言。館內的獨特設計與用心,適合全家人不同層次、不同年齡階層,美學的共同再發現與再學習。

台灣首座兒童美術館「蘇荷兒童美術館」,於2003年由創辦人林千鈴館長創立。創館的宗旨為推廣全民美術再教育,成人透過美術館教育媒介,認識兒童珍貴的原創能力,兒童的符號語言以及美感品味;甚至激發與兒女共同學習的認知與意願,引領孩子從小親近藝術,藉由互動的藝術遊戲理解藝術原則,以生動有趣的方式傳遞藝術知識。它是一座橋樑,涵蓋了全民美術再教育的可能性。

藉由創作感受藝術喜悅

「美術館不只是欣賞畫框內的作品,還肩負了更重要的教育使命!」林千鈴館長提升了台北蘇荷兒童美術館在美學教育與文化傳遞的層次,目標在推廣美術教育,教育的對象為兒童、兒童的父母、老師與社會大眾。

小朋友和成人進入展區感受美術館空間情境的美學語言,再透過接觸參與,動手操作更能明白美學原理原則,並感受藝術的奧妙,只要從小接觸學習就能開展自身的美學經驗。

上／坐在星空咖啡館和梵谷對談。
下／穿梭於銀白森林世界,感受創作生命的美好。

你也可以這樣玩

從動手操作中體悟美感經驗

走進兒童美術館,可以享有以下活動喔!
來館禮─親子共學體驗,每位入館參觀民眾就能為自己製作一份小小的手作來館禮。
DIY創作課程─課程內容配合展覽變換,探索美學和創造的奧秘,來一場藝術奇幻旅程(時間約60～90分鐘,需預約報名)!

玫瑰森林飄香生機盎然

台灣雅聞生技

以「讓女人從頭到腳、從裡到外美得徹底」為職志的雅聞生技公司，陸續設立了四座觀光工廠，好讓消費者有機會看到這些保養品原料的栽培環境，對雅聞的產品更具信心。每座園區各擁特色，且都有燦爛的玫瑰花園，早已成為熱門的打卡勝地。

上&下／雅聞香草植物工廠以栽培香草和多肉植物為主。

1982年開始，從製藥技術專業轉而投入美容保養產業的雅聞生技公司，以「讓女人從頭到腳、從裡到外美得徹底」為職志，繼2006年成立「雅聞魅力博覽館」後，目前已完成四間觀光園區。

這四大園區儘管名稱略有不同，但都有一個共同的主角，就是嬌豔的玫瑰！雅聞生技公司督導賴美燕表示，玫瑰相當嬌貴，需專人時時細心呵護，加上每個園區的範圍都相當大，必須分區修剪、除蟲、養護，所以並非任何時間都能看到全面盛開的盛景，消費者參訪前，不妨先至臉書的粉絲專頁了解當下花朵的現況，以免剛好青黃不接掃了遊興。

細心栽培香草多肉和水耕蔬菜

2012年開設在三義的「雅聞香草植物工廠」，佔地2公頃，以栽培香草和多肉植物為主，多肉植物高強的保濕能力和天然香草的美容功效，都是保養品的最佳來源。

園區裡有噴霧的香氛步道、小熊造型的人工沙灘、荷蘭風車點綴的玫瑰園、南洋風味的木製休閒區、洋溢童話氣息的微森林等，很快就成為網美們鍾愛的打卡點。

DATA
雅聞魅力博覽館
add 桃園市楊梅區中山北路一段21巷1號
tel (03) 488-3800
time 08:30~17:00
雅聞香草植物工廠
add 苗栗縣三義鄉西湖村八櫃42號
tel (037) 879-818
time 08:30~17:00
雅聞七里香玫瑰森林
add 苗栗縣頭屋鄉明德村明德路226號
tel (037) 256-588
time 08:30~17:00
web www.arwin.com

雅聞香草植物工廠同樣有佔地廣闊的玫瑰花園。

左／雅聞香草植物工廠的木製休閒區充滿南洋風味。**右**／玫瑰是很好的保養品原料來源。

水耕蔬菜也是雅聞香草植物工廠的重要主角之一。

這個園區還有一大重點，就是溫室栽培的水耕蔬菜：採用高科技的環境控制來幫助水耕蔬菜生長，例如白色的LED燈光可加快其生長速度、紅色的燈光則可助其葉片增厚改變口感等；收成的水耕蔬菜運送到雅聞各館，作為附屬餐廳裡生菜沙拉的食材。

精雕細琢全台最豐美玫瑰園

2013年開始，蕭敬騰成為雅聞的宣傳代言人，拍得如夢似幻的廣告片在媒體上強力放送，拍攝這些優美畫面的背景地，就在「雅聞七里香玫瑰森林」。

雅聞七里香玫瑰森林鄰近明德水庫風景區，坐擁自然山景，佔地1萬3千多坪，以一幢

雅聞香草植物工廠園區裡有噴霧的香氛步道、荷蘭風車點綴的玫瑰園、洋溢童話氣息的微森林等，小熊造型的人工沙灘更是匠心獨具。

雅聞七里香玫瑰森林坐擁自然山景，佔地廣闊，造景眾多，可說是全台最大、最美、最具創意且花種最豐富的玫瑰花園。

多肉植物具有高強的保濕能力。

高大的清水模建築為主體,身旁環繞著迎賓玫瑰區、迎曦玫瑰區、宮廷玫瑰區、經典玫瑰區、英國玫瑰區、世界玫瑰區、玫瑰綠廊和節能玻璃屋,可說是全台最大、最美、最具創意、花種最豐富的玫瑰園。

　　有鑑於周邊餐飲選擇少,雅聞七里香玫瑰森林特別附設了餐飲選擇多樣化的餐廳,讓消費者有機會品嚐運用雅聞植栽烹調的佳餚,然後繼續徜徉在玫瑰包圍的美麗世界。

上/雅聞七里香玫瑰森林特別附設了餐飲選擇多樣化的餐廳。下/雅聞七里香玫瑰森林還有一座節能玻璃屋。

自組多肉植物盆栽

無論哪一個館區,都有提供組合多肉植物、沐浴球或香氛娃娃等DIY體驗,讓遊客可以利用館區裡特有的材料,親手完成一個紀念品帶回家。

多肉植物雖然好生好養,但是若能布置一個更適合它們的環境,必能幫助它們長得更美、更長久。指導員會帶領你如何在花器裡分層鋪上不同材質,日後又如何照顧。這項DIY非常適合不擅長蒔花弄草的新手。

大自然與石雕共構的藝術天地
牛耳藝術渡假村

結合藝術與地方文化，素人藝術家林淵的作品遍布園區，漫步牛耳藝術渡假村，隨時可欣賞到充滿樸質韻味的石雕創作，是想暫時遠離城市、感受鄉居靜好的理想選擇。

上／牛耳收藏眾多林淵的作品。下／渡假村裡還展出眾多從比賽脫穎而出的優秀雕塑作品。

站在牛耳藝術渡假村北側、介於景觀餐廳和雕之森樹屋餐廳之間的平台上，向北看，平緩的埔里盡呈眼前，甚至還可清楚看到中台禪寺在陽光下閃閃發光。這裡早年被埔里人喚作「牛相觸」，曾經是當地人牧牛的地方，地勢略高於市區，擁有不錯的展望視野。

展望平台上立著3根銅雕，銅柱上布滿雕刻，有點像是台灣原住民族人的圖騰柱，正是素人藝術家林淵的作品。

石雕公園變身多元休閒渡假中心

林淵出生於南投縣埔里跟魚池鄉的交界處，讀過短短兩個月的小學之後，就輟學在家幫忙農務，也學會修理或製作生活上及農事需要的器具，如桌椅、竹籃、竹筐、畚箕、鋤頭柄等，從66歲退休後才開始從事雕刻藝術創作，雖然無師自通，但質樸自然的風格備受矚目與肯定，甚至受到法國當代重要藝術家Jean Dubuffet的讚賞，在台灣藝術發展上佔有一席之地。

1987年，林淵的支持者黃炳松出資開闢了牛耳藝術渡假村，佔地約2萬坪，主要展出林淵的作品，其間也不乏當代雕塑大師楊英風、朱銘等人的雕塑。由於林淵、楊英風、朱銘等幾位剛好都屬牛，又執雕塑界之牛耳，因此命名「牛耳」，分外意義非凡。

「牛耳」早期以戶外展覽為主，無奈1999年一場921大地震，把園區震毀得相當慘重，為重振觀光，於是重建過程中增加了餐廳、住宿、SPA等設施，逐漸轉型發展成休閒渡假中心。

DATA
add 南投縣埔里鎮中山路四段1之6號
tel (049)291-2248
time 園區08:00～18:00，
　　　林淵美術館09:00～12:00、13:00～17:00。
web www.neweraart.com.tw

漫步牛耳渡假村，隨處可見雕塑傑作，藝術氣息濃厚。

廣闊戶外展場夜賞蛙叫蟲鳴

園區內密植樹木花草，尤其每年4、5月油桐花盛開，頗負盛名。園區的中心地帶，矗立著一座用234塊石雕作品堆積而成的「仙梯」，高達36英呎，梯上暗裝著24個牛鈴，外表雖看不見卻聽得到隱隱發出鑿石的聲音；趨近看細部，每塊石頭上都有不同的雕刻；梯頂插著五色旗，是林淵最鍾愛使用的顏色。林淵把它命名為仙梯，是希望「石仙姑」能藉由它往返於天宮與埔里之間。

園區裡石雕作品琳瑯滿目，其中不少是後來舉辦雕塑比賽的佳作，所以風格相當多樣化。至於林淵伯的其他作品，包括繪畫、木雕、刺繡、複合媒材等，則收藏在「林淵美術館」裡。

美術館前的土地公，原本是放置在草地

牛耳藝術渡假村最初是為了展示林淵先生的石雕作品而開設的石雕公園，佔地廣闊、又可俯瞰埔里市區，目前是多元的休閒渡假中心。

用234塊石雕作品堆積而成的「仙梯」，也是林淵先生的作品，期望「石仙姑」能藉由它往返於天宮與埔里之間。後側則是林淵美術館。

渡假村裡的小木屋住起來寬敞舒適。

上,有天晚上土地公託夢給林淵,說祂在外面挨餓受凍,林淵次日便請園方幫土地公蓋廟,因為施工匆忙,所以蓋得有點歪斜,也可窺見林淵伯直爽可愛的個性。

　　來到牛耳藝術渡假村,建議不妨住上一晚,白天可以有更多的時間漫步徜徉於多采多姿的石雕之間,晚上則可以欣賞星空、蛙叫蟲鳴,還可以到SPA館放鬆一下身心。

　　園區內的小木屋,室內空間相當寬敞,包含有電視、分離式冷氣機、小冰箱、飲水機、雙人沙發、防霧鏡洗手台等設備齊全,住起來相當舒適。

上／渡假村裡還有3間不同風格的餐廳可供選擇。
下／園區內密植樹木花草,造景相當優美。

你也可以這樣玩

石雕彩繪DIY變身素人藝術家

雖然林淵先生早已離世,但是其子林貴受到父親的影響,也愛上雕刻藝術,為了繼續父親的夢想,在父親過世後採用他遺留下來的器具,延續父親藝術創作之路。牛耳藝術渡假村裡設有一處「林貴工房」,讓林貴持續創作並展售他的作品。此外,遊客也可以在這裡體驗「彩繪DIY」,包括小石雕彩繪和桐花公仔彩繪,也許你也是個尚未被發現的素人藝術家喔!

玻璃工藝領先群倫
台灣玻璃館

舉世無雙的玻璃媽祖廟、以及每一步都刺激有趣的玻璃迷宮,台灣玻璃館打破民眾對於玻璃冰冷的印象,結合了台灣生態、文化藝術等特色,除了展示玻璃藝品外,並以「四面亮麗、八方驚奇」的創意呈現,提供民眾假日休閒時寓教於樂的新選擇。

上&下╱玻璃迷宮可説是萬花筒的擴大運用。

在彰化縣鹿港鎮彰濱工業區裡,有一間遠近馳名的「台灣護聖宮」,它是全台唯一整座由玻璃打造的媽祖廟,不但外觀晶瑩剔透、周遭的地板閃閃發亮,甚至連裡面祭拜神明時所用的供品都是玻璃做的。仔細觀察裝潢的細節,一些玻璃製作的窗戶、屏風,都包含玉山、台灣藍鵲等深具台灣意象的圖樣,牆上還包圍著一幅原稿長達12公尺的台灣豐韻圖,以工筆水墨技法從台灣頭畫到台灣尾,包括平溪天燈、北投溫泉、大溪老街、安平古堡到澎湖、綠島、蘭嶼等最具代表性的景點都鉅細靡遺,當然也找得到鹿港

的天后宮和玻璃廟,號稱台灣的「清明上河圖」。這座有如玻璃發光體的玻璃媽祖廟,也屬於台灣玻璃館的一部分。

精湛工藝免費展場

以製造玻璃起家的台明將企業,在玻璃工藝方面頗能領導潮流,常見有人從歐洲或美國高價購入新穎的廚具或衛浴設備,發現其實是自家外銷的產品,為了讓大家明白外國月亮並沒有比較圓,於是2006年設立台灣玻璃館,作為自家產品及台灣相關同業的產品展示平台,好讓大家都能看到台灣玻璃工藝高度發展的程度。

台灣玻璃館占地上千坪,既是台灣本土藝術家的發展平台,更是免費展覽的寬廣場地,突破玻璃業傳統的刻板印象,以寓教於樂的方式,深入了解這個晶瑩剔透的大千世界。如

DATA
add 彰化縣鹿港鎮鹿工南四路30號
tel (04) 781-1299
time 08:00~18:30
web www.timingjump.com.tw

玻璃媽祖廟裡的台灣豐韻圖同樣令人讚嘆不已。

果不只是走馬看花,而能跟著訓練有素的解說人員聆聽每件作品的獨特之處,便可一次滿足所有玻璃相關的知識與資訊。

玻璃迷宮步步驚心

除了玻璃媽祖廟外,台灣玻璃館還有另一大亮點,就是趣味獨具的玻璃迷宮;2011年率先推出的「黃金隧道」,運用玻璃的反射原理,配合新型LED燈照射,營造出無限重複、無限延伸的奇幻世界,概念其實和萬花筒差不多。

因為視覺的錯亂,感覺上腳底下像是無底深淵,而且眼前分不清究竟是實牆還是幻影,真的必須倚賴雙手觸摸來尋找前途,每一步都走得戰戰兢兢,深怕一不小心會踏空,非常能夠體會什麼叫「如臨深淵,如履薄冰」!2017年又推出「海底世界」,2020年9月底又增加了「浩瀚宇宙」,奇幻程度不斷向上提升,有懼高症、心臟病或是高血壓的民眾,可別輕易嘗試;自覺膽大的人,則千萬不要錯過。

台灣玻璃館落實環保概念,在餐廳用餐完畢,即可把自己使用過的玻璃器皿帶回家;享用冰淇淋或冰沙,也可把玻璃碗帶走,是頗具意義的旅遊紀念。

左／細緻的玻璃工藝,教人大開眼界。**右上**／「海底世界」屬於玻璃迷宮的第二階段創作。**右下**／玻璃迷宮讓人眼花撩亂,真的必須倚賴雙手觸摸來尋找前途。

浩瀚宇宙是繼黃金隧道、海底世界之後，嶄新推出的玻璃迷宮，置身其中，不知道下一步應該往哪裡走，撲朔迷離，趣味十足。

下雨過後、華燈初上的玻璃媽祖廟，展現不同於白日裡的風情，搭配燈光照明，更像是一組玲瓏剔透的玻璃發光體。

你也可以這樣玩

近距離體驗吹製玻璃

台灣玻璃館備有多元的DIY體驗項目，包括時空膠囊、彩繪玻璃馬克杯等依現場款式為主，難易度不同，可使參觀者有機會與玻璃零距離的另類接觸。尤其是煉功屋的吹製玻璃教室，提供一對一的專業教導吹製玻璃，從挑料、吹泡、塑形到進行剪口、開口等加工整理，是很難得接觸到的體驗。因為專業師傅並非隨時在場，有興趣者別忘了事先預約。

無限創意增添生活趣味與驚喜

木匠兄妹木工房
-創客體驗-

木匠兄妹設計團隊不斷發揮想像力，創作出兼具趣味、品質、設計感與實用性的各式各樣生活小物，好讓人時時都想和「活起來」的產品互動、添加生活樂趣。

上／木匠兄妹創意的宗旨就是「讓產品活起來」。**下**／馬的背上馱著8枚硬幣，「馬上發」的諧音令人拍案叫絕。

　　從1987年開始，木匠兄妹木工房的現址就是一處工廠與倉庫，木匠爸爸以製作組子欄間為業，所謂「組子欄間」，就是日式室內建築門板上方的窗框，傳統上運用精細的木雕、精巧的鑲嵌技法，組合成美麗的窗花，以外銷至日本為主。

　　無奈，即使這麼需要手藝、眼力與耐力的專業，仍難逃同業削價競爭的命運，有鑑於年歲漸長、眼力漸弱，木匠爸爸決定退休，但是看在木匠兄妹眼裡，著實捨不得父親投注了一生的產業就此廢棄，於是靈機一動，把廠房轉變為木作工藝的體驗教室，2005年「木匠兄妹木工房-創客體驗」就此誕生。

一物多用趣味木作生活小物

　　踏入工房大門，迎面就是關於木造業的文化導覽空間，藉著互動遊戲和生動的圖片，可以深入淺出地大致認識木作工藝。

　　一旦來到商品區，荷包實在很難全身而退，一件件充滿創意的生活用品，讓人忍不住一路笑開懷、每件都想打包帶回家。像是近期新推出的「解憂擴音手機座」，不但是方便的手機座，播放音樂時還能有音箱的效果，煩惱時還可以擲筊來解除困惑；另一個「馬上發手機座」，馬的背上馱著8枚硬幣，吉祥的雙關語令人拍案叫絕；猴頭造型的眼鏡架，嘴裡還咬著錢，「猴咬錢」勢必讓來自香港的遊客樂不可支。

DATA
add 台中市后里區舊圳路4-12號
tel (04) 2559-0689
time 週一至週五09:00~17:00
web www.carpenter.com.tw

買個「猴咬錢」回家，感覺自己很快也會很有錢。

商品區後側的戶外空間，也是拍照打卡的最佳據點。

打從2009年推出自有產品開始，設計團隊就不斷發想，針對日常生活設計出既實用、可擺設、具療癒效果的產品；而且秉持環保精神，採用的都是符合FSC永續林場認證的進口原木，盡量不噴漆、順應它的原始肌理，打造出讓人想互動的文具、童玩、居家小物等。木匠兄妹創意的宗旨就是「讓產品活起來」，激發大家在辦公桌上尋找樂趣。

綠樹、蹺蹺板、彈珠台⋯原就是遊客們到此一遊最愛的拍照背景地，近年來又加入可愛的木製立體熱氣球，感覺像夢想也隨著熱氣球一起升空了！

木料、羊毛氈等多種異材質結合的漢堡杯墊，拆開來各具實用價值，組合起來不但維妙維肖、極具療癒效果，又能達成有效收納，2019年獲得台灣文博會的文創精品獎肯定。

有機食材現烹佳餚 體驗木作童玩

商品區的後側有遼闊的戶外空間,木匠兄妹把它打造成小麋鹿食坊,這裡所提供的食品,都是運用各式各樣有機栽種的食材,無論牛肉麵還是焗烤義大利麵,絕非加熱的現成調理包,而是自家廚房細火慢烹、精心調味而成的美味佳餚。

草地上除了桌椅之外,還有多種木造的裝置藝術和童玩,不但可以立即體驗目前已很難接觸到的木作遊戲,更是拍照打卡的最佳據點。

餐廳一旁,是至今仍在運作中的木作工廠,商品區琳瑯滿目的趣味創作,都是從這裡打造出來的。日後,木匠兄妹打算規劃一套適合消費者的工廠導覽,大家不妨拭目以待。

上/小麋鹿食坊提供眾多健康又美味的佳餚。
下/木匠兄妹提供的體驗空間相當寬敞。

親手刨木筷拼貼杯墊享受樂趣

木匠兄妹備有多種DIY課程,可以適合不同年齡層、不同族群嘗試動手,體驗木作工藝的趣味。像是製作杯墊,雖然只是簡單的拚貼、堆疊,但是一點點角度的偏差、或是力道拿捏不適當,就可能拚不出美麗的花樣;運用不同材質的木料,還可以變化出不同的色彩、韻味。不難想見師傅們要創作大型的組子欄間,有多麼費心、費神。

你也可以選擇製作木筷,親自用刨刀把筷子一層層刨下來,清新的香氣確認這是如假包換的檜木材質,刨下來的木片裝進袋子裡,就是現成的香包;最後還可以在木筷上燒灼下想要的字樣,完成一雙獨一無二的紀念木筷。

與生態共律動，俯拾皆成纖維藝術
紙農書院

以纖維藝術為主題的工作室，從生活周遭摸索、尋找材料，本著就地取材，農棄纖維再利用的精神，從事古法造紙、藍染、傳統梭織、生活陶藝等體驗服務項目，此外也接受訂製少量客製化民宿產品。

紙農書院在埔里落腳。

外表相當年輕，看不出來已過半百的黃世豐，工作超過30年才驚覺自己一直過著以工作為主、把家人拋諸腦後的生活，於是毅然決定反轉生活方式，改以過日子為主、工作為輔。

由於他向來對工藝、老房子、生態素材及社區營造等深感興趣，希望能夠將生活和工藝融合在一起，於是到處尋尋覓覓，三年多前終於在南投桃米村的一處山凹地，找到目前這個據點，並在2018年3月正式開關紙農書院微型手創聚落。

造紙與植染原料唾手可得

黃世豐表示，埔里是台灣僅存的手工紙造紙重鎮，全盛時期手工製紙廠多達50餘間，根據文獻追溯，台灣最早被提及的沙連紙，指的就是在埔里、竹山周遭一帶。而桃米所產的竹子，也是早年製紙最常使用的原料之一，然而事實上，包括構樹樹枝、茭白筍殼、玫瑰枝葉、百香果藤…這些埔里特色農產的棄物……只要能萃取出纖維，就有可能成為製紙的材料。

基於自己在造紙業多年累積的工作經驗，加上老婆在織品方面的專業與歷練，決定攜手成立以「紙」為主題的工作室，從事包括古法造紙、藍染、傳統梭織、生活陶藝、鄉村花藝等方面的創作與製造，並且提供「一日工藝師」的體驗課程，讓大家都有機會和他們一樣，運用生活周遭的花草樹木，創作出熟悉的生活用品。

DATA
add 南投縣埔里鎮種瓜路1號
tel 0910-576490
time 採預約制，歡迎7天前預約（接受8~30人的團體預約）。
web www.papercraft-village.tw

紙農書院有充足的創作和體驗空間。

紙農書院坐落於桃米生態村，主體建築是一幢70多年老厝，腹地廣闊，剛好適合從事古法造紙、植物染、傳統梭織、生活陶藝等創作。

紙農書院只接受預約體驗的客人；沒有預約的日子，就依照自己的步調從事創作，落實「以過日子為主」的生活步調。

體驗旅遊╳文化傳承╳綠循環經濟╳在地共好

融入桃米生態村的日常生活

紙農書院的建築主體是一幢70多年的老房子，橘瓦屋頂、紗門木窗，散發著老厝特有的質樸氣息。腹地比預期還大，可以栽種許多植物、有倉庫、有大灶、有足夠晾曬紙的平地；原本少了些座椅，但在鐵雕藝術家梁乃元的友情協助下，用鋼鐵折了幾張門閘兼座椅，鐵鏽色讓書院裡的質樸再添一味。

桃米從921大地震中浴火重生其生態社造的特殊歷史背景，讓居民們分外重視環境保育，懂得與生態和平共存，因此也特別歡迎將廢料再利用的和善產業。紙農書院在此立足，適得其所。

為了落實「以過日子為主」的生活步調，紙農書院只接受預約的客人，而沒有預約的日子就依照自己的步調從事創作、研發。兩個還在學齡的小朋友身處於這樣的環境，得

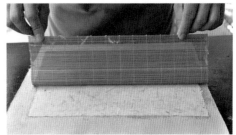

上／埔里是台灣僅存的手工造紙重鎮。**下**／只要能萃取出纖維，就有可能作為製紙的材料。

以從小貼近大自然、從生活中認識各種動植物、從玩樂中學習，跟著季節與生態一起律動，更是千金難買的收穫。

你也可以這樣玩

造紙，從就地取材開始

國內外有不少紙博物館或工作坊可提供造紙的體驗活動，體驗重點多半放在手抄紙漿、等待成品這後半段過程。紙農書院獨樹一格，讓體驗內容更加完整：帶領參訪者從砍樹開始，一步步取出可用的纖維、製成紙漿、添加可改變紙張紋路的異類纖維、抄紙、晾乾，慢慢等待紙張成形。在等待的過程中，還可以帶遊客逛逛桃米生態村，然後再回到書屋泡茶聊天，當個道地的「一日工藝師」。體驗的內容不限於造紙，也可以學習傳統梭織、植物染、紙燈籠等，同樣的是，一切從頭開始！

在綠色商圈享受木工手作時光
林班道

曾經繁華的木材集散地，歷經921地震創傷後，將在地傳統產業升級轉型，連結鐵道與山村聚落文化，堅持舊物再利用的環保概念，打造出「林班道商圈」，無論購物、美食、賞景或木工DIY，都將是旅途中最溫暖的回憶。

上／走進體驗工廠的文史廊道回憶車埕今昔。**下**／除了木工DIY體驗，也販售各式木製商品。

DATA
add 南投縣水里鄉車埕村民權巷101-5號
tel (049)277-5976
time 平日10:00~18:00、假日09:00~19:00，週二公休。
web www.grove.com.tw

車埕站是鐵道集集線的終點站，如今成為林班道商圈的一道文化美景。

乘火車往山裡去，穿過隧道，群峰綠意環繞，古樸的木造房子佇立其中，恍惚間以為來到了歐陸邊城。這裡是鐵道集集線的終點站，興建於日治時代，1960年振昌木業工廠進駐，創辦人孫海以此為木材集散地，在經濟快速起飛的年代寫下無數傳奇，車埕聚落也跟著繁榮起來。

熟料921地震損毀了車站，加上政府已禁止伐木，孫家事業隨著車埕被納入風管處管轄區，當車站以原木重建後，「林班道商圈」也應運而生，開啟觀光新面貌。

推廣舊物再利用的環保理念

「林班道商圈」融合現代與復古交錯的建築，利用工廠舊材搭配最新環保塗料，打造森呼吸綠色商場樣貌；商圈結合購物、美食與育樂，讓人彷如置身大自然般的放鬆心情；經營過程中，林班道始終堅守創辦人傳承的「教育」和「環保」理念。來到了「林班道體驗工廠」體驗木工DIY，這裡延續「振昌木業」的專業技術，用創意與童心和木頭產生一次親密的接觸，林班道體驗工廠提供多樣化木製商品，希望所有到來的朋友，藉由木工DIY體驗，對木工技術有更深一層的認識，同時藉著親手體驗獲得珍貴的經驗，並學習愛物惜物的精神。

走進體驗工廠，享受木工手作療癒時光；穿梭各家文創店鋪，賞玩設計小品；漫遊老街，走向貯木池畔的「木茶房」品味木桶便當，或在山景迷濛中端坐「隱茶Steam」，和超過老屋品茗暢談。

上／漫步池畔，欣賞湖光山色。**下**／隱茶Steam昔日是振昌木業的辦公廳，擁有超過50年歷史。

你也可以這樣玩 >>>>>>>>

一起來組裝木凳子吧！

體驗工廠推出種類多樣的木工手作課程，包括小童玩、文具、小家具和各式手工藝品，其中以「天車椅DIY」人氣最旺，由工廠提供原木材料包讓遊客動手組裝，完成實用的小板凳，同時還能在成品上加工烙印或彩繪圖案，非常適合親子一起來玩。

結合社區營造的傳統文化據點

板陶窯
交趾剪黏工藝園區

將日漸沒落的國寶級產業賦予新生命，讓剪黏和交趾陶之美歷經百年時代變遷，在嘉義新港板頭社區再度擦亮能見度。透過童趣生動的裝置藝術創作，吸引旅人漫遊其中，細細品賞，自然地融入心中。

充滿童年回憶的交趾陶公仔，令人愛不釋手。

16歲那年，陳忠正跟隨國寶級大師林再興的腳步，開始學習製作剪黏和交趾陶，自此全心投入廟宇藝術的鑽研，創作足跡遍及台灣各地，儼然成為領航者。當他回到新港老家設立陶藝廠，以全自動隧道窯生產寺廟裝飾材料，從事手工訂製作品時，感受到這項傳統工藝日漸沒落、人才流失斷層，於是萌生轉型念頭，遂以廠房為中心往四周擴展，融合嘉南平原的田野風光，在2005年打造了板陶窯交趾剪黏工藝園區。

傳統工藝巧妙連結社區常民生活

陳忠正懷抱熱忱，積極推廣傳統工藝，但胸懷開朗、眼光十足長遠，完全不畫地自限。他將園區所在的板頭村居民們拉進來一起參與創作，讓剪黏、交趾陶板和馬賽克鑲嵌等材料透過村民的雙手，化為繽紛成品，巧妙融入社區每個角落，在日常生活中呼吸著藝術氣息。當旅人漫步板頭村中，彷彿置身露天美術展覽館般，與在地歷史文化有了美麗的相遇。

透過社區營造，板頭村和板陶窯交趾剪黏工藝園區宛如密不可分的連結體，不僅成功引起了話題，也吸引無數遊客和工藝愛好者前來造訪。而陳忠正更渴望將寺廟文化之美與剪黏交趾的技藝知識傳達給普羅大眾，他在村落稻田中築起了夢想，將舊廠房重新改造的園區規畫成五個區域，分別是交趾陶剪黏工藝館、體驗工坊、產品販售區、板陶屋餐廳和戶外庭園區。

DATA
add 嘉義縣新港鄉板頭村45-1、45-2號
tel (05)781-0832
time 園區09:30~17:30、餐廳11:00~17:00
web www.bantaoyao.com.tw

青蛙造型桌椅很搶戲，以剪黏拼貼和馬賽克鑲嵌巧妙融入日常。

讓交趾剪黏之美落實於庭園日常

　　既然夢想起築於稻田中，陳忠正擷取東方古典林園為設計靈感，將廟宇建築藝術結合戶外庭院，親自挑選園內種植的一草一木，包括來自高海拔的眾多落羽松，為了讓這些高山貴客能順應平原炎熱多雨的氣候，他拿出了昔日當學徒的精神，秉持著「刁」和「紮實」的功夫，每日細心澆水照顧、觀察生長狀況，終於讓落羽松林形成園區最美的一道風景。

　　園內處處充滿童趣驚喜，運用剪黏和交趾陶創作的裝置藝術品無所不在，青蛙、猴子、貓咪、小羊等造型座椅點綴其間，格外搶戲，就連恐龍、水牛、鋼琴、羊駝、絲瓜牆、溪畔玩水孩童等都做得活靈活現，讓人忍不住跟著嬉鬧起來！巨型貓咪車站永遠是小朋友的最愛，坐上玩具小火車嘟嘟過山洞，沿途尋找花叢中的小松鼠。

　　關於剪黏交趾陶的精華則匯聚在工藝館裡，透過古色古香的陳列，從百年歷史發展、特色、工法到細膩作品與故事的呈現，小小的屋子裡蘊藏著民間藝術的生命力；這股熱情更延伸到工藝販售區，各路神明如媽祖娘娘、千里眼、順風耳和福祿壽三星都變身為

園內處處充滿驚喜，交趾陶裝置藝術品無所不在。

坐火車過山洞,沿途尋找猴兒松鼠蹤影。

上／以剪黏拼貼桌椅,童趣主題俏皮可愛。
下／以學童教室日常為靈感的交趾陶創作。

可愛俏皮的交趾公仔與吊飾紀念品,傳送著平安幸福,教人愛不釋手。

　　逛累了,不妨至餐廳享用午餐或喝下午茶,以陶板燒、火鍋為主,食材採用自然農法栽種,強調健康概念。倘若還玩不夠,園區裡設有陶鄉民宿,可以住上一晚,讓園林美感和剪黏交趾的藝術魔力,療癒平日疲累的心靈。

你也可以這樣玩

繽紛馬賽克拼貼・交趾釉料繪陶盤

「剪黏馬賽克拼貼」一直以來都是園區廣受歡迎的DIY課程,無論男女老少都能在自行畫好圖形的板子上,以特殊工具輕鬆剪黏並拼貼出專屬的繽紛創作,成品可作為杯墊、餐墊或裝飾,獨一無二,當天即可做完帶走。

「陶盤彩繪」則是最貼近園區主題的體驗活動,拿筆沾著特製交趾釉料在陶盤上描繪自己喜愛的圖案,再交由窯場燒製,由於燒製需要時間,當天無法拿到成品,待燒製完成,園區再郵寄給遊客。陶盤成品非常實用,可以拿來盛菜、裝餐點,也可以當作禮物送人。

以美感體驗保留傳統技藝
新港香藝文化園區

在全國唯一以「香」為主題的文化園區內，香品不只能祈願拜拜，還以各種藝品、設計小物或裝置藝術的方式呈現，傳統製香加入現代設計元素，揭開香藝創意生活的可能性。

以香料捏塑的人偶展示製香步驟。

退伍前士官長一句問話：「要不要來學做香？」開啟新港香藝文化園區創辦人陳文忠的製香人生。

從傳統製香轉型文化園區，地方人士和同業都不看好，曾因投入過多資金而面臨財務問題，在家人的支持和媒體的推波助瀾下才走過困境，一波波湧入的遊覽車證明創意生活的模式可行，成為新港鄉文化創意產業的領頭羊，推動其他在地業者轉型。

傳統產業，創新思維

民國77年，陳家三兄弟在老家新港設立「新興製香廠」，當了三個月學徒就用5萬元創業，第一次叫貨才知道自己什麼都不懂，全家人一起奮鬥摸索，走過家庭工廠的艱困時期，逐漸穩定發展，將生意版圖擴張全國。

80年代大陸低價香品傾銷台灣，傳統製香逐漸走入夕陽產業，陳文忠到中正大學進修創意行銷課程，透過傳統產業轉型成功的案例，開始思考轉型的可能。一度承租了製香工廠旁的土地，打算經營有機農場，當時任職新港文教基金會董事長的陳錦煌醫師一句話：「你為什麼不做自己的專業？」當頭棒喝敲醒陳文忠，想到多數台灣人只知舉香拜拜，連自己的老鄰居都不知道製香原料，於是以解答門外漢的問題為發想，從原料、過程和歷史文化著手，97年成立「新港香藝文化園區」，規劃了香藝文化館和製香工坊，並

DATA
add 嘉義縣新港鄉菜公村23-6號
tel (05)374-7658
time 08:00~19:00
web www.incense-art.com.tw

從新興製香廠起家,與家人共同奮鬥,打造結合文化、美學及傳統的香藝園區。

擴充香料香草生態區、庭園餐廳、民宿和DIY體驗教室等區塊,傳承製香技藝,推廣香藝文化。

陳文忠的眼光長遠,考慮到燃燒香的煙可能對人體造成影響,成立園區時就與嘉義大學合作,以環保和養身為目標,研發對人體無害的健康安心香。製香的香料皆採集自植物,包括沉香、檀香、肖楠、柏木,混合肉桂、八角等辛香類中藥,使用自然黏著劑－楠木皮粉和水,讓香料附著於竹籤香芯上。無化學添加的天然香料受到蜜蜂認證,每次曬香時,總能吸引成群蜜蜂流連拜訪。

流連香藝美學殿堂

香藝文化館以東方美學貫穿展場空間,主視覺以大圖輸出清明上河圖,熱鬧街坊上的香鋪點出品香文化的歷史,搭配幾盞曾獲「2007年台灣OTOP設計大賞」的「馨香燈」,燈泡熱度讓外圍貢香散發淡淡的怡人香氣。主牆Logo融合在地性、產業性、文化性和園區創立的精神,整體造型取自新港英文「Sinkang」的S;上半部裊裊生煙,象徵香火不斷、代代香傳;下半部的三個半圓型和中心紅點分別表現香環和線香意象,也代表三兄弟同心,為香業永續而努力。

老師傅展現三十多年的真功夫，俐落舞動手中大把線香，揚起漫天香粉，反覆展香、掄香、切香，眼神專注，蘊藏「一生做好一件事」的職人精神。

廣場曬滿各種線香和盤香，經嘉義的艷陽烘烤，在空氣中調和成一縷淡雅舒心，使用純天然香料製作的香品，連蜜蜂也愛來沾染一身香。

館內分為文化香、生活香、藝品香、原味香及情境香等展覽，讓遊客以不同角度了解世界各國關於香的歷史典故，認識製香的植物原料，並深入香藝文化與藝術。另一個角落，紅燭臥榻、古韻雅緻，模擬宋朝文人雅士的品香情境，彷彿走進另一個時空。

傳統製香技藝為口傳師授，習藝需要三年以上，香藝文化園區將製香過程以香料捏塑的生動人偶、大型壁畫和有如武功祕笈的「新港香功九式」呈現，保存並且傳承這項技藝。

靜態展示總有隔靴搔癢之感，製香工坊內的真功夫才是園區的靈魂。老師傅展現精湛的手工製香技藝，迅速俐落，沒有絲毫多餘動作，經重複浸水、展香、掄香、切香，讓一大把線香均勻沾上香粉。雖然耗時費力，但唯有傳統工法，才能製作出清香不嗆鼻、香身筆直勻稱、圓滑平整的高品質健康香，這也是新港香藝文化園區的堅持。

左／情境香重現宋朝文人雅士的品香情境。**右／**透過香料牆認識製作香粉的植物。

你也可以這樣玩

手作香的多樣玩法

「手作香」是做出一支香嗎？是，也不只是。同樣的香料可以搓出改變室內氣味的薰香，也可以捏出生活創意。

「手搓香」考驗手巧心細，將當作香蕊的竹子沾水，搓上大葉香楠樹皮粉磨製的黏粉和香料粉，動作輕柔、施力均勻才能搓出一柱好香。「手捏香」則是將製香材料當作藝術媒材，把香粉和水融合揉捏，發揮創意，像黏土一樣捏塑出自己想要的形狀，完成後的作品不需燒烤，直接帶回家自然風乾，還會散發出原木馨香。

走進黑金的藝想世界
讚炭工房

鳳林鎮的山腳下，被繽紛綠意和花香籠罩的優美庭院裡，坐落著幾幢斜屋頂的雅緻建築。在這個四季植物展現著多彩樣貌，生態和諧豐美的後山桃花源中，蘊藏著擁有無限可能性的黑色奇蹟。

上／劉得劭教授親自講解竹炭妙用。
下／工房在一片青翠山領環繞之中。

微風送來陣陣花香，院落裡柚子結實累累，野薑花、月桃花恣意綻放，來到讚炭工房，第一時間感受到花蓮鳳林的秀麗風景，其次才會發現旁邊工廠裡一節節黝黑發亮的竹炭。

讚炭工房的主人劉得劭原本是台北教育大學「藝術與造型設計學系」教授，因為發現竹炭神奇的淨化功效，2004年與家人回到故鄉花蓮，在父親的農地上興建農舍開始生產竹炭，在好山好水懷抱下，打造出結合健康生活與藝術自然的竹炭新樂園。

研發健康環保的黑鑽石

多年來鑽研陶藝與玻璃工藝，劉得劭掌握窯燒技術十分得心應手，使用4～5年生的粗壯孟宗竹和桂竹，以自己設計的磚窯，用一千度高溫燒製竹炭。高溫燒製的優質竹炭密度極高，敲擊會發出清脆悅耳的聲響，對於淨化水質、空氣、抗氧化等有絕佳效果。

優質竹炭運用在生活中，可以作為天然淨水神器，消臭健康的竹炭襪、竹炭衣、竹炭皂等，燒製過程中的竹醋液是天然的防蚊液，也是去味大師。不過對於藝術家出身的劉得劭而言，竹炭還能展現出另一種生活態度。「竹炭燒製是讚炭工房的核心，相對的我們也很容易被竹炭所限制。」劉得劭說：「所以成立之初，創意研發就是非常重要的方向。」竹炭不僅能夠優化生活，更要能夠美化

DATA
add 花蓮縣鳳林鎮正義里15號
tel (03)876-3488
time 09:00~17:00
web www.hualien-zantanstudio.com

劉得劭兄妹本身為藝術家，工房也作為陶藝作品的展示藝廊。

左／餐廳供應竹炭咖啡點心，以及健康的低溫氣煎料理。**右**／陶藝與竹炭結合成精美獨特的茶器。

導覽過程中透過生動的實驗認識竹炭特性。

生活，他以藝術家的感性，把陶藝和竹炭結合製作生活炭陶，竹炭的遠紅外線可清潤茶湯，溫醇炭色亦兼具美學鑑賞的價值。

感受竹炭的內在力量

不斷創新，是讓竹炭變成黑金的重要關鍵，農場也透過多角化經營讓民眾「有感」。各種手作體驗讓參觀者可以嘗試彩繪竹炭、燒玻璃，增加互動性。展示館內陳列劉得劭與家人的陶藝作品，品嚐純淨的竹炭水，吸收自然芬多精之餘還能欣賞陶藝創作，養生與美學充分結合。

除了竹炭，劉得劭採收農場內蓬勃生長的月桃，萃取出具有美容養顏、安定心神效果的

將竹炭粉融入陶藝創作中，溫潤啞光散發優雅淡漠氣質，黝黑色澤襯托金黃色茶湯，竹節式的茶杯造型，以自然生動的方式呈現墨竹之美。

逛完工房在庭院裡吹著微風，點杯竹炭咖啡，同時品嚐竹炭冰淇淋和竹炭花生香濃沁涼的美味，沈浸悠閒慢時光。

竹炭有淨化空氣的效果,亦可作為裝飾品。

月桃水。另外對台灣生態造成莫大危害的外來品種小花蔓澤蘭,經劉得劭的研究發現,竟含有防止小黑蚊的成分,經過蒸餾、冷凝萃取的小花蔓澤蘭醋液能夠有效去除小黑蚊,萃取後的殘渣還能做成肥料,成為每位到工房拜訪的客人們人手一瓶的最佳伴手禮。

　　從原料開始認識竹炭,透過觸摸、實驗、品嚐來感受竹炭的內在力量,接下來漫步在和諧優美的園區中欣賞並創作藝術作品,以竹炭啟程的感官之旅,在黑色魅力下看見和諧健康的生活樣貌。

上/月桃與小花蔓澤蘭提煉成防蚊醋與月桃露等產品。下/使用竹炭和庭院內的自然植物製作天然皂。

你也可以這樣玩 >>>>>>>>

親手設計製作琉璃墜子

工房配合年齡規劃多種體驗活動,其中「DIY琉璃體驗」,讓遊客可以親手設計製作獨特風格的琉璃墜子。首先從彩色玻璃中挑選想要的顏色做底板,接著以鑷子夾取玻璃碎片,應用拼貼組合和想像力,在玻璃底板上排列圖案,最後送入窯中燒烤成型。玻璃冷卻需要一天時間,所以許多遊客會要求做成墜子吊飾,然後讓工房郵寄回府,這樣旅途回來,馬上就能夠收到獨一無二的紀念品。

眷村百科全書裡的生活感動
篤行十村文化園區

有台灣最早眷村之稱的篤行十村，近年被規劃為眷村文化園區，還原舊時眷村模樣，一棟棟低矮木造瓦屋與巷弄小道紛陳交錯，斗大的國軍精神標語還印在牆上，日式房舍庭院內的綠葉執著生長，在瓦片屋頂上隨風搖曳，午後散步於此，彷彿回到爺爺奶奶輩所歷經的流水年華。

小貳.two裡不只有飲料，還有澎湖當地的永泉冰品，口味充滿在地滋味。

篤行十村的所在地在清朝時曾是一片荒埔和練兵校場，日治時期則設立澎湖島要塞司令部，建設大規模的軍事設施與官舍，二戰後由政府接收，改為澎湖防衛司令部軍官眷宿舍。

隨著眷村沒落，聚落巷弄間，一棟棟人去樓空的老房正悄悄頹傾，唯有大大的「毋忘在莒」碑仍訴說著故土風華。也因為想保存這樣的情懷，居民遷離後整個聚落被政府完整地保存下來，不但整修了澎湖現存最大的日式宿舍建築群，更將眷村風貌發揮極致，依著聚落紋理引入文創設施，規劃成為澎湖眷村文化園區。想要進一步探索，就不能錯過吸引許多遊客前來尋找外婆澎湖灣的潘安邦故居，以及已故歌手張雨生故居。

追尋名人故居風華

早期的眷村官舍分配，依據官階高低有一定規制，潘安邦的父親為將軍，所分配到的房舍規模完善，現在重新整理成展示空間，將他與朋友、家人、外婆生活的點點滴滴都紀錄下來，重拾眷村昔景與容貌。屋前屋後綠意盎然，院子裡的孩童與外婆的雕像，亦成為遊客拍照打卡的地標物。在屋內，透過展示內容，可以認識潘安邦的歌手歷程、作

DATA
add 澎湖縣馬公市新復里
tel (06) 926-6555
time 園區全天開放，張雨生故事館、潘安邦紀念館4-9月08:00~12:00、14:00~18:00、10-3月08:00~12:00、13:30~17:30
web dxsv.phhcc.gov.tw

貳拾貳隱巷文創旅宿將舊房舍改建成住宿空間。

左／潘安邦紀念館內展示他的一生。**右**／兒時的潘安邦與奶奶,是篤行十村的打卡拍照熱點。

品、音樂等。而張雨生故居則為一般軍官規格，佔地較小，所以與相鄰的建築打通，一併作為展場。這裡蒐集展示了張雨生的手稿、照片、影片、專輯試聽等，文物大多由歌迷、家屬提供，打造出緬懷雨生的場域。

來到篤行十村，不但能追尋名人的故居，步入展館亦能進一步窺視舊宿舍的內部格局、建築風格。除了閱讀相關紀實資料，信步走在巷弄之間，老時光彷彿與他們的歌聲一齊停留在這兒，不曾離去。

文創進駐新火花

來到小島，不妨將腳步放慢，實際入住眷村，感受老房子的魅力。貳拾貳隱巷文創旅宿利用篤行十村的房舍，打造出眷村專屬的住宿情境。戴有歷史的空間，放上簡單的家具就很有氣氛，房間就散落在眷村各處，而旅宿門口的燈火，就像在靜巷中迎接遠道而來的家人般，充滿寧靜歸屬感。

篤行十村除了將眷村過去的生活經驗呈現之外，園區內也展示現代多元藝術的文創精

印在老牆上的標語，與滿天飄揚的旗海，眷村風華再次展現。

神,串聯周邊美食,刻劃人文與歷史互動共生的故事。

入口處的柑仔店「湘東商行」,古僕房舍重現舊時光的甜甜滋味,不但有滿滿的古早味甜點與玩具,更收藏懷舊小物,步入曾為防空洞的地下室也步入溫暖的懷舊時空裡,讓人大呼好懷念!

小飲料舖「小貳.two」、賣冰的「外婆食堂」、榕樹下的「五弄咖啡館」都是歇腳的好去處。而老牆上的壁畫、隨街停放的鐵馬、偉士牌機車也都是拍照的定番角度。園方也會不定時舉辦露天電影院、榕樹下音樂會等活動,就好像從前晚餐後,大家搬張椅子,一同圍在院子大樹下談笑般,重現村民們齊聚同樂的氛圍。

正午時分烈陽熾熱,老眷村裡有廣播音、有舊時光,還有滿滿的遊人的歡笑聲。想體驗《外婆的澎湖灣》歌詞中的溫馨場景嗎?想瞭解舊眷村人們的成長故事嗎?走一趟篤行十村,這裡優美的環境與豐富的館展,都將帶給你耳目一新與永難忘懷的美麗記憶。

篤行十村提供

上/園區內有許多拍照打卡的裝置藝術。中/老柑仔店裡盡是懷舊時光。下/在院子裡舉辦的露天電影院。

你也可以這樣玩

紙做的園區小火車

澎湖沒有火車,但在篤行十村,則與紙箱王合作,打造了一條繞行園區,約4分鐘便能看完眷村特色的路線鐵道。敲鐘、鳴笛,紙箱做的小火車載著大人小孩,饒富趣味,坐一次只要80元,吸引遊客搶搭。

飛牛牧場

十鼓仁糖文創園區

紙箱王

妮娜巧克力夢想城堡

主題嬉遊

自由自在的生活令人嚮往，充滿創意主題的景點更是吸引人，聆聽在地獨特的故事，感受手作體驗的溫度，玩出屬於自己的態度，讓旅程地回憶更加深刻美麗。

虱目魚主題館

愛玩色創意館

Okme醫遊館

可口可樂世界

小瑞士花園

一太e衛浴觀光工廠

七星柴魚博物館

北區
- 可口可樂世界
- 一太e衛浴觀光工廠

中區
- 飛牛牧場
- 紙箱王
- 愛玩色創意館
- 妮娜巧克力夢想城堡
- 小瑞士花園

南區
- 十鼓仁糖文創園區
- 虱目魚主題館

東區
- Okme醫遊館
- 七星柴魚博物館

旅遊路線3 >>>>>> 中台灣手作踏青趣

1. 大甲三寶文化館
add 台中市大甲區光明路67號2樓
tel (04)2687-0929

2. 三義木雕博物館
add 苗栗縣三義鄉88號
tel (03)787-6009

3. 飛牛牧場
add 苗栗縣通霄鎮南和里166號
tel (037)782-999

4. 雅聞香草植物工廠
add 苗栗縣三義鄉西湖村八櫃42號
tel (037)879-818

5. 卓也小屋度假園區
add 苗栗縣三義鄉雙潭村崩山下1-9號
tel (037)879-198

6. 木匠兄妹工房－創客體驗
add 台中市后里區舊圳路4-12號
tel (04)2559-0689

台灣客家文化館

九華山天空步道

雪霸國家公園

飛牛牧場

勝興車站

三義木雕博物館
水美木雕街

卓也小屋度假園區

龍騰斷橋

雅聞香草
植物工廠

大甲三寶文化館
大甲鎮瀾宮

木匠兄妹工房－創客體驗

旅遊路線4 >>>>>> 台南古城文創嬉遊

1. 十鼓仁糖文創園區
add 台南市仁德區文華路二段326號
tel (06) 266-2225

2. 趣活cheer for藍晒圖旗艦店
add 台南市南區西門路一段689巷1號
tel (06)221-3688

3. 永樂市場
add 台南市中西區國華街三段123號
tel (06)224-3134

4. 古蹟之旅（赤崁樓、安平古堡）
add 台南市中西區民族路二段212號（赤崁樓）
　　台南市安平區國勝路82號（安平古堡）
tel (06)220-5647、226-7348

5. 安平亞果遊艇碼頭
add 台南市安平區新港路二段777號
tel (06)298-2999

6. 虱目魚主題館
add 台南市安平區漁光路128-2號
tel (06)391-3330

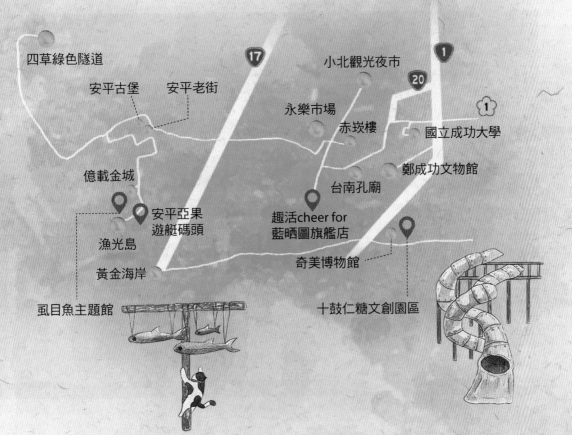

用氣泡打造飲料界的不朽傳奇

可口可樂世界

走進「可口可樂世界」的時光隧道，探訪全世界最知名飲料品牌的魅力，除了暢快的氣泡口感，各種紀念瓶罐與周邊商品也讓人愛不釋手，百年來創造無數經典傳奇。

上／「可口可樂」在台灣發行的各類商品一目了然。下／各式各樣的「可口可樂」曲線瓶讓人驚嘆。

DATA
add 桃園市桃園區興邦路46號
tel 0800-311789（需於參觀日一週前預約）
time 週一至週五09:30~12:00、14:00~16:30，週六和例假日休館。
web pavilion.coke.com.tw

走進「台灣區」的虛擬街道，了解「可口可樂」是如何融入台灣消費者的生活中。

1886 年5月8日，「可口可樂」誕生於美國亞特蘭大市，從第一年平均每日僅賣出9杯飲料，到現在全球平均每天賣出19 億杯，不僅魅力橫掃全球，在飲料界締造輝煌的傳奇故事，其獨特的紀念瓶罐和周邊商品更是引領風潮，陪伴幾世代人走過歡樂時光。為了見證百年經典，台灣太古可口可樂特別打造了「可口可樂世界」主題展館，雖然隱身於工業區，僅限平日開放參觀，仍掩不住巨星光芒，吸引無數「可口可樂」迷前來朝聖。

走進「可口可樂世界」，隨著導覽員生動訴說的小故事與牆面羅列的歷史圖表，彷彿坐上時光機穿梭於「可口可樂」的今昔之間，透過各展示空間與數量可觀的收藏品，一路了解曲線瓶如何演變，讚嘆專為挑戰者號太空梭、奧運聖會與國際運動賽事獨家打造的設計款，以及為慶祝在台銷售50周年所推出的紀念包裝等驚喜。

上／美式餐廳充滿復古風情。**下**／到聖誕北極村尋找聖誕老人與「可口可樂」的淵源。

傑柯藥局尋找「可口可樂」起源

轉個彎進入1886年的「傑柯藥局」，尋找「可口可樂」的起源，跟著「快樂工廠」的影片，親身參與生產製造過程。延續著歡樂精神主軸，復古的「美式餐廳」佈置打造經典場景，每個角落都如同電影畫面；在「聖誕北極村」中，一窺可愛討喜的聖誕老人與北極熊，和「可口可樂」究竟有什麼淵源。參觀最後，還可享用清涼的「可口可樂」，沉浸在氣泡歡樂王國！

你也可以這樣玩

到互動牆拍出絕無僅有的紀念美照

哪裡是既酷炫又時髦的打卡拍照地？位於「可口可樂世界」六樓的「互動牆」絕對不會讓人失望。秉持著帶給大家新奇歡樂的體驗，設置了許多拍照空間。這面互動牆配合每年「可口可樂」在台的行銷主題與代言人來更換設計，讓造訪者即使重遊也能擁有全新感受和樂趣。2020年，運用「可口可樂」「城市瓶」的主題，特別用磁鐵打造10款城市瓶上的人物，讓遊客可以找到自己熟悉的城市，留下合影。

亞洲首座衛浴文化主題館
一太e衛浴觀光工廠

為了推廣讓更多國人認識台灣獨有的衛浴設計、國外衛浴技術,以及正確的衛浴觀念、居住安全的重要性,「一太e衛浴」特於2007年設立了觀光工廠,藉由展示豐富多元的新知、技術,讓國人輕鬆瞭解各式衛浴知識。

館內展示各式衛浴設備,包括客製化的彩繪龍鳳馬桶,精緻典雅又新潮。

DATA
add 基隆市安樂區武訓街51號(大武崙工業區)
tel (02)2434-2111
time 週一至週六09:00~17:00(中午12:00~13:00休館)
web www.itai.com.tw

一太e不斷創新製作各類衛浴設備,持續研發,並陸續推出新產品,令品牌技術處於領先地位,深受消費者肯定!

1977 年，創辦人洪團樟集資四萬元，以製作鋁門窗起家，到了80年代在赴羅馬朝聖時，發現了浴室乾濕分離趨勢，於是帶領公司轉型研發淋浴拉門，進而創立品牌「itai一太e衛浴」，研製結合極致工藝與功能品質的衛浴產品，讓國人能享受高品質的生活。

榮獲國家創作發明獎市佔率第一

一太e衛浴創立40多年來研發的衛浴設備與配件商品，均一一展示在觀光工廠中，走進結合教育科技、健康養生、文化環保的衛浴觀光工廠，可清楚認識一太e衛浴最自豪的防爆淋浴拉門，一般浴室拉門的玻璃暗藏千分之三的自爆機率，為防範自爆意外，一太e衛浴斥資三百萬元引進貼膜機，淋浴拉門貼上防爆貼膜，若遇玻璃碎裂就可防止噴飛傷人。

另為徹底解決傳統工法的弊病，一太研創出「整體衛浴」，運用一體化的防水底盤、牆板、頂蓋，配置淋浴門、面盆浴櫃、馬桶、照明組成完備的浴室，安裝時以模組化、明管進

上／各式馬桶具有多種功能的設計。**下**／一太e研創出「整體衛浴」採自由配置客製化。

行，具有100%防水、超耐用、防震佳、組裝快速、易維修等多項優點，最快4小時即可完成組裝，讓消費者擁有一座客製化的專屬浴室！

面對未來，一太e衛浴持續致力打造安全舒適的衛浴環境，讓每個家庭都能享受優質貼心的美好生活。

你也可以這樣玩

享受按摩深層震動，舒緩肌肉痠痛

觀光工廠內可試用多款新穎的按摩商品，其中，「3D足部按摩器」可刺激足心的湧泉穴，熱賣的「行動按摩椅墊」具有推拿、揉捏、震動、熱敷等多功能，造型吸睛的「小海豚按摩器」可深入痠痛點，討論度高的「筋膜按摩槍」具六款按摩頭，配合20段變速可激活肌肉。40人以上的團客在夏季造訪時，還可享用水果冰淇淋機現製的冰品喔！

快取瑞士紐西蘭動人場景
飛牛牧場

背山近海的飛牛牧場,是很容易抵達的「偽出國」勝地,平易近人的牛、羊、鹿、兔環繞身邊,加上各式各樣的鮮奶食品、伴手禮,很適合親子甚至三代同遊,獲得一整天的歡樂。

上／飛牛牧場位於海拔180到270公尺之間的山坡上。下／飛牛牧場有眾多平易近人的動物。

即將抵達飛牛牧場的路上,忽然覺得綠意盎然,道路兩旁整齊地種著小葉欖仁,茂盛的枝葉形成長長的綠色隧道。原來,這段道路是由飛牛牧場精心養護的迎賓道,令人尚未入園就心情飛揚了起來。

緩坡草原見牛羊,美景豔驚國人

1995年,從「中部青年酪農村」轉型的飛牛牧場,成功地從專業乳牛養殖示範區變身成為觀光休閒農場,結合日本牧場造景與美國景觀設計的緩坡草原、加上牛群吃草的美麗景象,令人驚艷;2001年,在此取景的一齣偶像劇《薰衣草》締造高收視率,也讓更多人發現到飛牛牧場的美,吸引遊客近悅遠來,可說是飛牛牧場最風光的年代,牧場裡保留至今的一間玻璃花房,讓人記憶猶新。

近4、5年來,台灣吹起親子旅遊風潮,休閒農場讓大家有機會與牛、羊等動物近距離接觸,是立體的「生活教室」,非常適合親子同樂,飛牛牧場也不斷加強各方面軟硬體設施、持續研發新產品,期望全家大小光臨,能得到一整天的歡樂。

飛牛牧場行銷部王于忻表示,牧場在經營與維護許多方面,無法機械化,是人力需求密集的產業,因此「人才」是最重要也最困難的一環;硬體日新月異,一味追趕也很辛苦。唯有藉著不斷開發新產品,才能積極吸引消費者持續回流。

DATA
add 苗栗縣通霄鎮南和里166號
tel (037) 782-999
time 07:00~19:00
web www.flyingcow.com.tw

飛牛牧場堪稱最容易抵達的「偽出國」目的地。

牧場裡有步道,可吸收芬多精。

環境得天獨厚,產品推陳出新

　　位於苗栗通霄的飛牛牧場,海拔介於180到270公尺之間,且距離海邊已相當近,地理條件優越,擁有宜人的氣候,目前主要養殖的娟姍牛乳量豐富、乳脂率高,非常適合製作起司、優格等酪農製品。

　　飛牛的產品琳瑯滿目,從早期的鮮奶、調味乳、鮮奶饅頭、烤布丁,到後來的冰

將近20年前,一齣偶像劇《薰衣草》把飛牛牧場的美貌透過螢光幕帶到國人眼前,牧場複製當年玻璃屋的場景,保留至今。

水的模樣,讓人產生置身瑞士或紐西蘭的錯覺,夏末初秋的台灣欒樹,則為飛牛牧場增添亮麗的色彩。

鮮奶也是製作手工香皂的好材料。

淇淋、餅乾、白布丁等,香濃的口感頗能
征服老饕的味蕾,鮮奶所製的沐浴乳、乳
液、手工香皂等亦頗受歡迎;3、4年前更
向北海道的牧場學習起司的製作方式,因
為更能適合東方人的口味,目前已研發出
20餘款口味,頗受好評。

　　牧場裡的住宿設施以美國鄉村風布置,
投宿的客人晚上還可以免費參加DIY活動,
體驗親手製作鮮奶剉冰、銅鑼燒、柚子酥
等,讓牧場的一日生活更加充實。

上／飛牛牧場不斷研發推出新產品。
下／飛牛牧場香濃的布丁有口皆碑。

你也可以這樣玩

鮮奶火鍋現烤披薩吮指回味

來到飛牛牧場,建議一定要試試美味的鮮奶火
鍋。牧場因為有飼養牛羊,可利用牠們的排泄
物來改良土壤,場方在超過3公頃的有機園區
裡栽種各種蔬菜及香草植物,正是餐廳的最佳
食材來源。以農場出品的純淨鮮奶加高湯熬煮
湯底,輕涮優質的牛肉片,把肉汁完整包覆,
再沾上特調的醬汁一起入口,是牧場特有的滋
味。飯後再來點奶酪和優格飲品,營養非常完
整,不怕吃不飽、只怕肚子裝不下。
還有,運用農場蔬果和起司現烤的披薩,同樣
教人吮指回味。

上／紙箱王把世界各國的重要地標齊聚一堂。下／童玩也是紙箱王的重要創作項目。

融合在地特色跟著世界脈動
紙箱王

雖然是柔弱的紙，只要充分了解它的特性，再發揮天馬行空的想像力，就能建構應有盡有、經得起風吹雨打、繽紛亮麗的紙造世界。紙箱王立足大坑、廣納全世界，充滿創意的產品不但經常引領風潮，物超所值的產品更是令人愛不釋手。

進入位於大坑的紙箱王創意園區，不妨先坐上小火車「環遊世界」一趟，沿途經過台北101、艾菲爾鐵塔、倫敦大笨鐘、比薩斜塔、荷蘭風車等，果然世界各國重要地標齊聚一堂，不虛此行；而且園內這些知名建築，都是用瓦楞紙打造的，經歷了好幾年風吹雨打，仍然屹立不搖；更有甚者，我們所乘坐的小火車也完全由瓦楞紙打造，管你體重幾公斤，都歡迎搭乘，堅固及擬真的程度令人嘖嘖稱奇。

剛柔並濟創作與時俱進

紙箱王原本從事紙品設計開發，總經理黃芳亮本身又是美術科班出身，不但對紙的特性瞭若指掌，對美感也有相當程度的要求，2007年開始打造紙箱王創意園區，小從每盞紙燈的草圖設計、大到整個園區的布置規劃，都是他深度參與、點點滴滴構建出來的。

紙箱王目前在台灣和大陸，建立近十處據點，其中位於大坑的總店，規劃成八大主題館，包括紙箱故事館、紙雕花園、和藝術家合作的紙箱藝術館、和異業結合的蜜蜂故事館、無糖部落等。

總經理黃芳亮指出，紙是最柔軟的材質，如何使它愈加堅定、搭建的作品愈來愈高、愈經得起風吹雨打，是紙箱王持續面對的挑戰；大坑山區有10條知名的步道，紙箱王嘗試結合鋼鐵、石頭等最堅硬

DATA
add 台中市北屯區東山路二段2巷2號
tel (04) 2239-8868
time 09:00～20:00
web www.cartonking.com.tw

進入位於大坑的紙箱王創意園區，不妨先坐上小火車「環遊世界」一趟。

精細的紙雕功夫令人讚嘆。

的材質，製造出第11條「么么步道」，一方面尋求技術上的突破，另方面也刻意突顯在地特色，與周遭環境融合在一起。大坑與以產菇聞名的新社為鄰，因此也設立箱菇小鎮，以示敦親睦鄰。

一語多關幽默無所不在

紙箱王成立十餘年來，每年吸引數十萬國際觀光客前來，2019年到園的遊客統計，

紙箱王隨著時代脈動，每年都會創造出新的空間、場景。例如2020年面臨新冠肺炎疫情，特地打造天燈升空為世界祈福。

紙箱餐廳裡的每樣家具、飾品，包含餐桌、座椅，飛上天花板的藍寶堅尼等，無一不是運用瓦楞紙打造出來的，兼顧耐用令人嘆為觀止。

左／紙箱餐廳的天花板有好幾架巨大的飛機和名車。右／來「呆呆機場」假裝登機，「偽出國」一下。

外國人士高達近8成，國際遊客的比例相當高。沒想到今年疫情爆發，國際旅客無法前來台灣，對紙箱王的衝擊不可謂不大，園區於是改弦易轍，積極吸引國旅市場。

經過半年籌畫，8月全新推出的「呆呆機場」，正符合新興的「偽出國」風潮，一架瓦楞紙打造的A319客機，是目前全國最大的紙飛機，可以到這裡假裝登機過過乾癮；四周展示許多世界知名建築的紙雕作品，更有趣的是商品架布置得彷彿機場免稅商店，充滿弦外之音的商品名讓人忍俊不住笑意；就連躲在角落的自動販賣機也是紙雕的！無所不在的幽默感令人心情分外開朗。

園區裡有間「糸氏」咖啡，不但取其「紙」的寓意，英文諧音Miss還蘊含「想念」與「錯過」，就是期待消費者千萬不要錯過紙箱王，到訪之後還會經常想念這裡喔！

你也可以這樣玩

享受美食兼顧環保美意

紙箱王創造過許多風潮，尤其是發明可以直接放在火上加熱的紙火鍋，顛覆人們對紙的認知，最是教人印象深刻；在紙箱餐廳享用美食時，裝刀叉等餐具的紙盒千萬別丟，只需外加一個Led燈，就可變成七彩的紙燈；同樣地，裝飲料的外殼帶回家還可以當存錢筒呦！紙箱王的產品，包括文具、童玩、燈飾等無奇不有，每樣都力求具有多元的趣味和實用價值，好讓消費者獲得「物超所值」的滿足感。

恣意揮灑的食安級彩繪天地
愛玩色創意館

因為日本、歐美市場的高品質要求，造就了「愛玩色」創造一系列水性、無毒、可重複使用的特殊顏料，可以安全無虞地彩繪出任何想畫的創作。液態粉筆、神奇創意貼、3D發泡彩繪、水指彩等，讓你想創作的心停不下來。

凱樂兔試圖從大自然裡找到適合自己的色彩。

1977年成立的御麟企業，最初以生產黏著用的膠水為主，後來在國外客戶的激勵下，嘗試把食品級的顏料加入膠水之中，調製成安全、無毒、色彩飽和、具有膠水特質的彩繪顏料，相繼研發出金蔥膠、無粉塵的液態粉筆、神奇創意貼、3D發泡彩繪等顏料，讓畫畫這件事變得愈來愈天馬行空、愈來愈有趣。

致力於研發這些特殊顏料的總經理洪朱燐表示，御麟的產品向來以外銷日本、歐美市場為主，沒有在台灣流通，他卻無意間發現自己的創作被反購回台，以翻了好幾倍的價格出現在百貨公司的架上，於是他決定成立以特殊顏料為主角的親子互動觀光工廠，讓國人不必輾轉迂迴，也能用合理的價格進入到豐富的彩色世界。

膠水結合顏料，立足國際回饋台灣

位於北斗鎮田野間的「愛玩色」，外觀彩繪得彷彿可愛的童話世界，接待大廳則有一面立體的動畫牆，由吉祥物凱樂兔帶領遊客一起入內探索色彩奧秘。裡面有一個玩色實驗室，先讓大家對色彩有基礎的認識，然後步向顏料研究室，了解愛玩色所提供的顏料有哪些玩法。

洪朱燐指出，當初有家德國廠商希望他研發可以隨意貼的玻璃彩繪，他花了10個月的時間，一次又一次研發出新的隨意貼寄給客

DATA
add 彰化縣北斗鎮三號路296號
tel (04) 888-6016
time 週二至週日09:00~17:00，週一休館。
　　參訪採預約制，請事先電話預約。
web www.colortaiwan.com.tw

愛玩色期望營造一個可以盡情揮灑色彩、安全無虞、大人小孩都開心的創作空間。

左／從一隅可看到愛玩色顏料的製作過程。**右**／無毒、無味的水指彩，讓美化指甲時不需忍受有害物質對身體的傷害。

3D發泡彩繪經過吹風機加熱,會產生毛茸茸、如爆米花般的立體效果。

戶,但對方每次都覺得還有改進空間;直到第11個月,終於製作出超越法國同業的神奇創意貼,不只贏得了大筆訂單,更贏得堅定的信心。

後來,他又發明了3D發泡彩繪,最適合畫在布料上,顏料自然風乾後,利用吹風機等高溫加熱,會產生毛茸茸、如爆米花般的立體效果,而且經得起水洗,不易脫落、褪色,運用在衣服、包包、帽子、石頭等,層面非常廣。

巨大的顏料罐和繽紛的凱樂兔,充滿馬卡龍色彩外牆的愛玩色創意館,在彰化縣北斗鎮一片綠意盎然的田野之中,顯得特別與眾不同。

液態粉筆水性、無毒,不易掉色、不會造成粉塵,只要濕紙巾即可擦拭掉,比白板還好用,非常適合小孩在家中塗鴉。

水性無毒安全，喚醒無限童心

2020年9月底，更推出革命性的「水指彩」，延續水性、無毒、無味的一貫特性，塗在指甲上很快就乾，而且沒有嗆鼻的氣味，卸除時不需要去光水直接撕掉即可，每天都可以為指甲塗上新的色彩。

館中還有一個星空館，運用燈光的轉變，讓遊客了解螢光顏料與夜光顏料的差異；還可以在魔法顏料製程區，目睹顏料的製造過程。

洪朱燐表示，目前在台灣中小學的教育體系中，美學一直是被忽略的一環，愛玩色期望營造的，是一個可以盡情揮灑色彩、安全無虞、大人小孩都開心的創作空間，以補美學教育之不足。今後，在充足的人力訓練後，期望能前進六都，在不同地區廣設愛玩色創意館門市，以活潑溫馨的設計和彩繪活動，喚醒每個人的童心！

星空館內可見識螢光顏料與夜光顏料的差異。

你也可以這樣玩
>>>>>>>>

神奇創意貼的生活魔法

愛玩色創意館琳瑯滿目的體驗課程之中，有一系列叫做「魔法貼紙彩繪」，又名「神奇創意貼」，不只畫上去有立體感，而且顏料乾了之後，可以把作品完整撕下，隨自己的心意貼在玻璃、陶瓷、塑膠或任何其他光滑的平面上，像是窗戶、手機殼、馬克杯、水壺等，成為鮮明的點綴，創造與眾不同的效果；而且可以輕易撕下、重複貼上，既不會傷害物體表面，又不會留下痕跡，是很理想的生活美化小物。

館內玩色城堡體驗須提前來電預約，DIY課程可現場報名喔！

立足台灣閃耀國際亮點觀光工廠

妮娜巧克力夢想城堡

來到城堡內透過體驗，讓自己化身主角，隨心所欲地選擇心儀的產品玩樂其中。妮娜巧克力夢想城堡非常適合親子、情侶、同學、家族、校外教學、國際觀光客等多元的客群。

上／走進妮娜，就走進奇幻的巧克力世界。**下**／鳳梨黃金葡萄乾巧克力曾經贏得ICA的全球冠軍殊榮。

魏　振宇夫婦2004年在南投清境經營觀光旅宿，一直不斷的思考要如何將觀光產業發展與創新，起初在2011年推出用女兒的名字命名的巧克力伴手禮，小小的巧克力童話屋創造了打卡景點與新聞話題；2018年又在埔里通往日月潭的交通動線上，打造了全新以城堡為主題的巧克力觀光工廠，將原本手工製作的巧克力再加入高品質專業機器設備輔助量化，營造出一個大型、符合政府法令規範的巧克力觀光工廠！

豪華城堡內多元體驗巧克力驚豔

創立「妮娜」品牌的初衷，是希望可以讓更多人用平價取得高品質的巧克力！夫婦倆選擇在自己的故鄉投資，希望可以幫助在地觀光及增加在地人口的就業機會，並且選用台灣好的在地食材結合巧克力，做出符合台灣人口味的產品。包括選用台灣農民種植的可可果豆，並將台灣紅玉茶、烏龍茶、馬告、鳳梨、台灣的威士忌、白蘭地等，加入在巧克力產品裡，讓即使沒有吃過巧克力的人，也能吃起來有頓覺驚喜的美妙滋味。

妮娜果然不負所望，短短3年內，在世界巧克力大賽AOC與ICA累積獲得了103面獎牌，其中鳳梨黃金葡萄乾巧克力更贏得ICA的全球冠軍殊榮。

DATA
add 南投縣埔里鎮桃米路32號
tel (04) 9291-9528
time 10:00~17:30（17:00最後入園）
web www.conas-choc.com

妮娜巧克力夢想城堡無論硬體建築、軟體服務到每一項體驗的內容，都是以高成本、高規格、高品質的角度思考、執行，力求提供遊客一個非常舒適的空間。

妮娜經過向唐綺陽老師請教，推出具有12星座特色的專屬巧克力，這些分別為射手座（藍）、牡羊座（粉紅）、水瓶座（紅）、天蠍座（黃）的專屬巧克力。

創辦人企圖將妮娜巧克力觀光工廠打造成一個六感體驗的巴洛克式城堡，除了建築外觀選用大理石石材，城堡內以中古世紀的裝潢呈現，並透過體驗的方式讓客人來玩巧克力城堡，利用有趣的多媒體互動光雕機瞭解巧克力知識、看到巧克力生產線，並且了解到巧克力的製程，吃得安心、衛生、安全。

場域內一樓展售著琳瑯滿目的巧克力產品，並且免費提供宮廷服裝供遊客拍照打卡；消費者可以在DIY教室動手製做個人專屬的巧克力作品，也可以在地窖餐廳品嚐可可入菜的佳餚，以及世界各產區製作的巧克力冰淇淋；多元的服務，讓客人從玩樂中創造美好回憶。

高品質服務以客為尊

妮娜最重要的核心價值，是秉持「以客為尊」的高品質服務，任何出發點都是以顧客的需求為中心，希望提供來到城堡的客人們一個非常舒適的空間。巧克力是屬於跟藝術、美學、時尚非常有關係的產業，現代人對於食物不但要求吃得好、吃得精，在送禮方面也非常講究，因此妮娜無論包裝、產品都毫不懈怠，期待傳遞更加美好的事物給消費者。

妮娜巧克力夢想城堡跟一般的觀光工廠不太一樣，是從旅遊觀光的型態進入到工廠，後面才轉型想要做工廠代工。就現階段而言，大家對「高品質巧克力」的印象仍停留在較高價的精品、送禮的奢侈品，

在地窖餐廳可品嘗多款以可可入菜的佳餚。

而非日常必吃的零食,因此如何將巧克力變成比較平易近人的日常食品之一,是目前的一大挑戰。

從2018年品牌整體擴大以後,除了實體營收增加外,網路訂單每年也不斷成長。今後,如何去了解目標客群的需求、加強開發新品、開創通路訂單、擴大代工的版圖,針對品牌與藝人、網紅、kol在網路上強強聯名、創造話題與創造需求,是亟待努力的方向。

上/妮娜巧克力夢想城堡把夢想具體化。下/妮娜巧克力夢想城堡製造出全國最薄的巧克力。

你也可以這樣玩

自製繽紛巧克力親手彩繪圖案

來到妮娜巧克力夢想城堡,不妨體驗一下巧克力DIY,親手製作一套專屬自己的巧克力。只要把適溫融化的黑巧克力填在棒棒糖的模型上,再以白巧克力畫上心儀的圖案,最後妝點上色彩繽紛的軟糖即可。由於成品需要放入冰櫃等待冷卻、定型,臨別前別忘了向服務人員領取自己的作品;此外,包裝的外盒也可隨自己的心意彩繪,小朋友應該會很有成就感。

巧克力DIY有時間和名額限制,建議事先預約,以免錯失機會。

綴滿繁花與夜星的絕美空間
小瑞士花園

位於海拔1,750公尺的清境農場，佔地廣達6公頃，「小瑞士花園」夢幻麗景因宛若歐洲庭園而得名，遼闊的園區依著地景，精心規劃了歐風花園、水中舞台、親水鏡湖、湖畔臥櫻、星光草坪等五大景區，構築成醉人的綺麗世界。

「小瑞士花園」隸屬於統一超商旗下，因此，可見到OPEN小將在此開心迎客。

破曉時分的清境，雲霧像揮灑的潑墨山水漸次漫開，籠罩層層遠山，八方大地盡現山林純淨之美，這裡是全台最令人心醉的仙境，而夢幻的「小瑞士花園」就坐落在這一片青山綠野之間。

與清境地區維繫長遠深厚的情誼

「小瑞士花園」隸屬於統一超商旗下，統一超商於2002年底進駐清境農場遊客休閒中心，在經營期間，與清境地區各協會單位協力合作，共同成長繁榮，這份用心與經營能力獲得了清境農場的肯定，統一超商因而於2008年9月取得「小瑞士花園」的經營權。

「小瑞士花園」秉持初衷，與清境地區維繫著緊密的合作關係。清境地區為滇緬部隊官兵及退輔會榮民從事農墾、定居的地方，村內居民多半是滇緬部隊第二、三代後裔，因此，清境地區每年都會舉辦榮民節及雲南少數民族的火把節，花園在節慶期間都會運用統一超商的行銷資源，於全省區域性7-11門市張貼活動海報，並分攤各項活動的經費，展現彼此深厚的情誼。

此外，「小瑞士花園」每年還會與南投縣政府、鄉公所、清境觀光協會、清境社區發展協會一同舉辦跨年活動、植樹淨山、奔羊節、清境農場場慶等活動，積極參與及宣傳清境在地特色。

DATA
add 南投縣仁愛鄉定遠新村28號
tel (049)280-3308
time 09:00~21:00
FB www.facebook.com/swiss.garden

園內美景處處的綠野步道串連了各大景區，令遊客一走進園區就深感置身在如夢如幻的歐洲花園！

左／湖畔有著茂密的林木花草及歐式風車，令人驚豔。**右**／走入園區就可看到吸睛的「綠光精靈」塑像。

不出國就能置身浪漫的歐洲庭園

坐落於綠草如絨、楓紅環湖的「小瑞士花園」，堅守維護自然原貌的宗旨，邀集專業設計團隊策劃園區融合清境田野美景，規劃了環湖步道、柳杉步道、楓林步道、落羽松步道以及月型木棧道等植栽路徑，漫步其間，綠林的芬芳隨著微風拂面，讓人舒暢無比，而聲不絕耳的蟲鳴鳥叫也靜化了心靈。

這些美景處處的綠野步道，串連了歐風花園、親水鏡湖、水中舞台、星光草坪、湖畔臥櫻五大景區，LOVE裝置藝術、幸福鐘、水中教堂散佈其間，讓遊客一走進園區就深感置身在幽雅的歐洲花園！

「小瑞士花園」所栽植的花草是與埔里當地花農採契作耕種，花草定期更換，花卉造景維護則委由專業園藝人員進行。 遊客來到園內，可以藉由圖像解說牌認識特殊的花卉，並在不同的花季欣賞季節性景色，如春天可欣賞環湖山櫻花、紫藤花、桃花，5～6月逢李子結果，會安排開放供入園遊客免費採果，秋冬時節則可遊賞變色的落羽松。

無光害暗空公園靜賞夜空星辰

為提供遊客更完整的休閒遊樂，園區並設置了休閒購物街，遊客可慢慢遊逛各家特色商店，還可參加「妮娜巧克力」(Cona's

園內有環湖步道、柳杉步道、楓林步道、落羽松步道及月型木棧道等植栽小徑，風光絕美，令人精神舒暢。

左／白色的水中教堂造型典雅浪漫，是情侶們雙雙留影的熱點。右／絢麗繽紛的水舞秀增添夢幻氛圍。

Chocolate)DIY活動，想留下網美照的遊客，可由愛情故事館專業攝影師陪同取景，體驗浪漫的婚紗攝影，另還有服務人員提供特色景點行程建議。

「小瑞士花園」的經營理念除了滿足遊客欣賞花草綠野美景，更令人驚喜的提供在園區內露營的難得體驗。「小瑞士花園」闢設有合法露營區，夜宿於此的遊客可盡情遊賞五彩燈光裝飾的夜間花園，以及搭配光色變化、結合聲效配樂的夜間燈光水舞秀，深夜熄滅燈光後，可在無光害的營區靜享滿空的星辰及清淨的芬多精，也可到「妮娜巧克力」於夜間營業的星空酒Bar，享受在全台最高的酒吧一邊觀星一邊品酒的浪漫。

這就是「小瑞士花園」獻給你的獨特感觀，獨一無二，絕無僅有！

你也可以這樣玩

親手製作巧克力棒棒糖&拍網美照

位在商店街的「妮娜巧克力」(Cona's Chocolate)裝潢時尚雅致，架上擺滿配合季節推出的特殊造型巧克力，口味多元、濃郁富層次，遊客來此還可嘗試手作DIY，只須將店方備妥的調溫巧克力倒入棒棒糖模具中，撒上彩色乾果，放入冰櫃定型後脫模，就做出獨一無二的巧克力棒棒糖了。

此外，位於2樓的愛情故事館拍照主題餐廳，設有多座網紅牆及創意道具供遊客自由使用拍網美照，另提供租借禮服的服務，有專業攝影師陪同遊逛花園拍照，讓遊客擁有拍攝婚紗照的驚喜體驗。

百年糖廠的藝術出擊與冒險旅程
十鼓仁糖文創園區

昔日，五分車運送甘蔗進進出出，蜜糖儲存槽瀰漫甜香，百年糖廠繁榮一方經濟；現在，舊工廠鼓樂震天，極限體驗的尖叫歡笑不停歇，結合人文歷史、音樂、藝術、休閒與生態，亞洲第一座鼓類主題國際藝術村再展仁德風華。

上／登上11層樓高的「天堂路」，欣賞夕陽餘暉和古蹟級老煙囪。下／齒輪舞台是最佳戶外表演場。

十鼓仁糖文創園區位於台南仁德郊區，佔地約7.5公頃，一共有22座日治時代所建築之舊倉庫。前身為設立於1909年的「車路墘製糖所」，所幸躲過太平洋戰爭的轟炸，經歷台灣糖業公司的管轄，閒置多年之後，2005年由十鼓文創接手重新規劃，保留糖業遺產，融入十鼓獨創的台灣鼓樂，以文創藝術思維發展構思，結合親子樂園和極限體驗等休閒娛樂，於2007年正式開啟亞洲第一座鼓類主題國際藝術村。

>>>>>>
DATA
add 台南市仁德區文華路二段326號
tel (06)266-2225

time 日間開放：每天09:30~17:00，夜間開放：週二至週五18:00~20:00、週六和週日18:00~20:30。
web www.tendrum.com.tw
<<<<<<

本土原創鼓樂喚醒百年糖廠

一開始承租仁德糖廠的倉庫，十鼓擊樂團只想找到可以盡情打鼓、不會干擾他人的地方。入駐後，投注全團心力整頓閒置空間，從小倉庫的練習與教學開始，一步步擴充承租區域，為百年糖廠創造新的使用方式。

「原創、本土、多元」的十鼓風格貫穿園區的空間規劃。「夢糖工廠」曾經是糖廠的核心，現在是文創園區的靈魂，「夢糖劇場」建立於五重壓榨機上，挑高鋼樑架構獨一無二的表演場域，透明強化玻璃下，停止轉動的大型齒輪嵌合歷史與現代，天車吊具變成舞台上可移動的佈景，有如宮崎駿動畫中的霍爾移動城堡，充滿後現代工業色彩，每日演出十鼓擊樂團定目劇，原創鼓樂融合本土文化與聲光效果，敲擊震撼人心的節奏。

走過上上下下的鐵梯，穿梭「夢糖工廠」

「夢糖劇場」每日演出十鼓定目劇。

左／以不破壞生態為原則設計天空步道。**右**／甘蔗田主題的廁所,勾動昔日糖廠人的生活回憶。

中蒸發、壓榨、過濾、攪拌甘蔗的大型機具，每個角落都能不經意遇見舊創新的驚喜。糖晶罐設計成巨型扭蛋機，油桶裁切成沙發，甘蔗輸送帶變成「糖Bar子酒吧」中的高腳桌，糖箱打包區的長廊邀請日本藝術家松本直美發想創作，以包裝糖的麻布袋懸空高掛「糖燈」，如同工業風伸展台，同時點亮製糖工廠的回憶；從前糖廠利用燒甘蔗的火力發電，自給自足供應電力，現在鐵皮屋頂架設高高低低的風車，以風力發電供劇場表演使用，傳承老糖廠循環綠能的精神。

工業遺跡藝術再生的奇幻旅程

十鼓文創以不破壞為原則活化空間，園區中顯眼的三連罐從前是糖蜜儲存槽，灌入滿滿的糖蜜，現在分別改裝成「蜜橋咖啡館」、「兒童室內體驗館」和「車路墘文史館（鼓博館）」。

糖蜜三連罐外觀保留原樣，不重新上漆，任歲月的痕跡忠實反應不同年代使用的材料，

左／儲蜜槽改裝成「蜜橋咖啡館」，鏤空槽頂灑落自然光，華麗又奇幻。**右**／藝術家創作的麻布袋天燈將打包區變成網美伸展台。

左／甘蔗輸送帶設計成酒吧中的長桌。**右**／後工業風的「糖Bar子酒吧」，時尚前衛。

鏽蝕最少的反而是日治時期建造的第一座儲存槽，透過建築閱讀糖廠歷史。以強化玻璃打造的天空步道串連其間，一路延伸至夢糖工廠旁的百年大榕樹，天空步道順著榕樹高低盤繞，夜間亮燈後就像一座森林主題光雕藝術品，保留舊有建築，創新而不犧牲生態的設計，還曾入圍世界建築節大獎。

踏上11層樓高的「天堂路」，涼風徐徐，園區、台南市和遠方山脈一覽無遺。東邊以齒輪為造型的戶外展演舞台接續「甜蜜之丘」，這片茵綠草坡由謝團長帶領全體團員和員工親手鋪上，象徵十鼓的凝聚力，兩架輕航機則代表當地黑鳶自由翱翔的意象；另一側，白色步道盡頭設立「天堂上的鞦韆」，唯美浪漫又帶點高空擺盪的刺激感，火紅夕陽依偎80多歲的老煙囪緩緩落下，不遠處奇美博物館華麗的拱頂點燈，夜幕低垂，點燈後的十鼓仁糖文創園區將開啟另一段奇幻旅程。

你也可以這樣玩

心跳百分百的極限體驗

利用工廠和儲蜜槽的高低落差，設計「糖晶落體」、「飛天宅急便」和「蜘蛛人」等體驗，讓遊客穿梭工業遺跡，開啟大膽王的冒險旅程。

最刺激的「糖晶落體」是高達7層樓的自由落體，挑戰人類恐懼極限；「飛天宅急便」則是坐上掃把模仿小魔女，從高台出發，飛越兩座糖蜜罐，飽覽糖廠風景；走過高空繩橋再扮演「蜘蛛人」，一躍而下，飛向大草皮最後降落甜蜜之丘。此外，還能嘗試與對手面對面競爭的「透明攀岩競技」和挑戰極速「煙囪滑梯」，每一項都是讓人腎上腺素飆升的極限體驗。

來去漁光島海洋森林遊樂園
虱目魚主題館

城市、漁塭、森林和海洋的交界處，虱目魚主題館扮演漁光島玩樂提案家。魚塭旁放空品嚐虱目魚丸，跟著達人走讀小島歷史文化、認識海洋生態，立槳上等待夕陽落海，漁光島的一百種可能，從虱目魚主題出發。

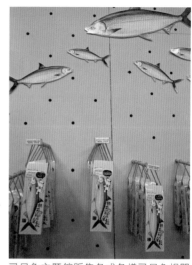

虱目魚主題館販售各式各樣虱目魚相關商品。

一碗虱目魚湯，曾在每天早晨溫暖台南人的胃，餐桌上那道家常風景代表台灣南部重要的養殖漁業。

隨著時代變遷，虱目魚被視為「三老的魚」，吃魚、養魚和認識虱目魚的都是老人，為了延續長達三百年的飲食和養殖文化，讓平凡無奇的虱目魚躍升主角，吸引年輕人對虱目魚產生興趣，2013年「虱目魚提案專家」盧靖穎從台北返回故鄉台南，帶領公司轉型，跳脫虱目魚食品開發的框架，於安平億載金城對面打造虱目魚主題館，以旅遊串連在地特色物產，透過展覽館打開傳統漁業的創新大門。然而，因租約到期，不堪負荷調漲的房租，盧靖穎毅然放棄辛苦打造的虱目魚城堡，再次遷徙，2019年落腳漁光島，在魚塭旁繼續訴說虱目魚百年故事。

從大型展覽館到森林鐵皮屋

漁光島舊稱「三鯤鯓」，「鯤鯓」原意指鯨魚的背部，形容海面上隆起的沙洲。安平港外原有7座大大小小的沙洲，因環境改變，只剩下三鯤鯓為獨立小島，昔日漁船在夜間點燈，海面上漁光點點，小島因此得名。2009年漁光大橋完工，與安平陸路相連，即使如此，漁光島仍像個遺世獨立的小島，沒沒無聞，直到2017年舉辦「漁光島藝術節」、2020年被選為國慶煙火施放地點，被遺忘的小島忽然跳上旅遊熱門榜，成為台南海岸最亮眼的珍珠。

DATA
add 台南市安平區漁光路128-2號
tel (06)391-3330
time 09：00～17：00
web www.sabafish.com

從虱目魚主題館出發，認識漁光島的魚塭、海洋、森林及文化。

選擇漁光島源自多年前結下的善緣，盧靖穎自返鄉發展就認養億載國小漁光分校，協助學校的海洋資源教育中心舉辦各種活動，吸引市區家長將孩子送進島上就學，原本招不到學生，目前已擁有76個學生，且沒有任何一個是島上出生的孩子。漁光國小黃老師得知虱目魚主題館的困境後，邀請盧靖穎搬遷至漁光島，在里長熱心的協助下，找到防風林後的鐵皮屋，作為虱目魚主題館的重生基地。

可愛的貓咪引路，穿越幽謐的木麻黃樹林，虱目魚主題館2.0座落森林、魚塭和城市

明亮挑高的空間涼爽通風、環保節能。

的交界。在捕撈及養殖魚苗為主要經濟來源的漁光島上，虱目魚不再僅是文字、模型和多媒體的呈現，實際走訪養殖地，走向海洋、深入社區，沒有豪華的硬體設備，卻將整個漁光島的自然地景、人文歷史納入館藏，呈現更多樣化的動態旅程，「漁光島就是我們的遊樂園！」盧靖穎接下新挑戰，以不變的熱忱重新打造結合環境教育的旅遊體驗。

許多遊客初見主題館外觀難掩失望：「怎麼會是鐵皮屋！」離去時卻掛著意猶未盡的笑容改口：「這裡好棒喔！」

走讀漁光島體驗慢生活

跨越漁光大橋，陽光煦煦、海風輕拂，貓咪

一抹溫柔胭脂紅渲染整片海洋，月牙彎的魔幻時刻令人沈醉。踏出戶外，走入自然，歡迎來到漁光島樂園。

島上擁有獨立的時間軸，安靜緩慢、純樸自在，生活感漂浮在魚塭倒映的雲影天光，細緻地藏於樹林與海洋的縫隙。

慵懶穿梭巷弄，虱目魚主題館後方，一部慢速播放的漁光生活天天上映，前景是綠樹與魚塭交織的純樸漁村，遠方展開高低錯落的市區大樓，水道兩端彷彿不同時區。坐在廢棄蚵棚搭建的鞦韆上浪漫搖晃，爬上賞鳥亭吹風賞景，等待傍晚倦鳥歸巢，或是任獨木舟和竹筏隨意漂流，離城不離塵，在魚塭中享受無人打擾的「島時間」。

悠閒放空後，跟著虱目魚主題館的達人走讀小島，拜訪漁光社區和李家古厝、深入島上密集的宮廟文化、認識海洋人文歷史等發展資源；或是走進森林秘境、月牙沙灘，學習豐富的海岸生態；好動玩家則可參加主題館與在地業者合作推出的SUP海上立槳活動。

透過各種活動，發現漁光島的多樣面貌，最後回到虱目魚主題館，預約漁光小食堂的無菜單料理，以餐桌上的百變虱目魚為行程劃下完美句點。

上／吉祥物貓咪為遊客指引方向。下／「來趣漁光島」是鄰近虱目魚主題館的另一個空間，內部有漁光小食堂和DIY教室。

你也可以這樣玩

虱目魚丸DIY美味又療癒

自己動手捏虱目魚丸，療癒系DIY美味又好玩。當地漁民打好的新鮮魚漿不帶絲毫魚刺，一邊揉捏甩打黏糊糊的魚漿，一邊聆聽導覽人員訴說魚丸的由來和虱目魚的小故事，擠出一球一球白嫩魚丸，丟進滾燙的水中，一碗Q彈的浮水虱目魚丸湯就完成了。體驗產地到餐桌的最近距離，以味蕾和雙手留下虱目魚的美好記憶。

提醒你，導覽行程、DIY體驗及漁光小食堂均採預約制，記得提前預訂！

大小醫師出任務
OKME醫遊館

從親身體驗做出發，OKME醫遊館是專為提升親子健康知識而打造的創意園地。換上帥勁十足的專業服裝，從Dr.X外科小醫師到挑出蛀蟲的牙科小醫師，透過角色扮演輕鬆學習健康知識。

圖片提供/ OKME 醫遊館

色彩活潑明亮的展館空間。

很多父母都有帶孩子到醫院看病做檢診，孩子卻總是哭鬧不休像打仗的煩惱。宣導衛教資訊的OKME醫遊館卻把臨床醫療流程變有趣了。換上專業醫師服，透過有系統、充滿啟發性的互動式學習，引導小朋友們從故事及遊戲中了解健康知識，讓孩子在歡樂中，為健康打下良好根基。

衛教也可以是互動遊戲

OKME醫遊館的創辦人簡銘杉是一位執業多年的牙醫師。體認到民眾普遍對於牙齒保養的認知不足，加上自己也為人父母，因此希望讓健康知識能夠正確地宣導擴散，使小朋友們能在不受牙痛之苦的快樂童年中成長。

2016年全台唯一針對兒童牙齒保健所設立的OKME醫遊館正式開幕，色彩繽紛的場館就像是一座大型遊樂園，透過有趣的闖關遊戲，帶領小朋友邊玩樂，邊學習正確牙齒保健知識。「素養並非一朝一夕、急就章加強或是藉由填鴨式的教育可達成。」簡銘杉説：「針對12歲以下兒童，我們利用文創故事及角色扮演等互動式體驗學習的方式，讓生硬的醫學知識轉化為遊戲中學習！」在醫遊館中看不到黑板和課桌椅，而是以各種互動遊戲，去刺激孩子們思考、發現，簡銘杉相信這樣在吸收衛教知識的同時，更能夠激發潛能，培養孩子們獨立思考和解決問題的能力。

DATA
add 宜蘭縣宜蘭市女中路三段298號（活動場所不定，需至FB上網預約活動）
tel (03)931-5095
time 09:00~17:00，週三休館。
FB www.facebook.com/okmekids

繪本故事帶領孩子們走入牙齒的世界。

左／化身小醫生,學習保健知識。**右**／使用各種玩偶和道具,讓孩子們從做中學。

醫遊館以活潑具啟發性的活動,達到衛教的目的。

寓教於樂巡迴小醫師

　　醫遊館的衛教體驗在父母群之間叫好又叫座,團隊也因此從牙醫衛教,延伸到營養學、身體教育等領域。簡銘杉2020年把實體的展館轉化為動態課程,教學團隊在各學校與單位巡迴演出,讓健康知識更貼近孩子們。

　　在台北教室中,孩子們戴上頭燈,將蛀牙蟲從玩偶病人口中移出,歡樂的會場內,大小朋友化身婦產科醫師,透過藝術活動與小醫師角色體驗結合。另外還有介紹腸病毒與

>>>>>>>>
除了牙齒保健,醫遊館也推出心臟外科,產科教育,視力保健等衛教體驗課程。

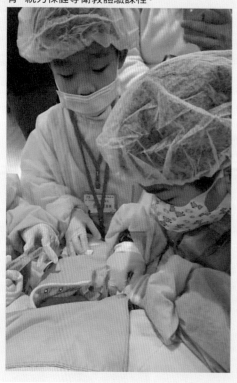

牙齒是少數好好保養,即可健康使用一輩子的器官,簡銘杉期望所有孩子都能擁有自信快樂的笑容,都能在無牙痛的童年裡成長!

傳染病的「兒科小醫師守護身體保衛戰」、配合母親節開設的「產科小醫師@小豬寶寶接生記」、眼睛健康與保養的「眼科小醫師一起保護美麗亮眼睛」等課程，集結家長關心的健康議題，符合孩子的學習方式，設計出多種主題課程。

「我們的教學課程由專業醫師團隊設計，讓孩子能接收到最正確的醫療觀念。」簡銘杉說：「模擬醫療情境，可以鼓勵學童思考、表述及溝通，提升勇於面對問題及解決問題的能力。」簡銘杉也特別強調親子共學的重要性，活動中讓家長成為「童伴」共同參與，以增進親子間的情感交流。

創意的衛教遊戲讓孩子們對於醫療不再陌生恐懼，並藉由跨領域課程整合教學，培育兒童健康素養的提升，也希望下一代能夠頭好壯壯，享受快樂積極的健康人生。

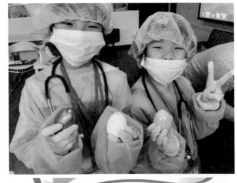

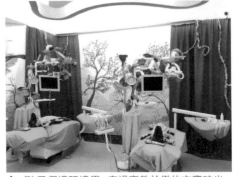

上／孩子們邊玩邊學，度過寓教於樂的充實時光。
下／化身小牙醫，在診療台上為玩偶治療牙齒。

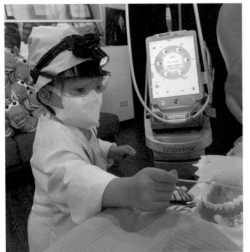

你也可以這樣玩

變身小小牙醫師探索牙齒世界

OKME的「小小牙醫師體驗」分成補牙和拔牙兩種，2小時的活動中，孩子們換上牙醫師的服裝和頭燈，變身牙醫師展開牙齒世界的冒險。工作人員首先利用「牙齒精靈救援系列」故事繪本，讓孩子們對牙齒產生興趣，並利用鱷魚玩偶教具，認識牙齒的構造和各種疾病。接下來讓孩子親自動手，實際操作醫療器具，演練補牙、拔牙，或去除牙結石等療程。

「小鱷魚愛刷牙體驗」讓孩子學習潔牙工具的使用方法與技巧，且了解潔牙的重要性。最後再透過繪畫、牙仙子許願瓶DIY等創作，讓大小孩子留下最獨特的回憶。

尋找洄瀾柴魚生產的前世今生
七星柴魚博物館

淡雅的柴魚香縈繞鼻尖，沿著香氣尋味台灣柴魚生產的前世今生，探訪舊工廠所改建的博物館回到過去，像是在挖寶一樣，發掘屬於七星潭的種種人文故事。

在體驗活動中手刨柴魚片。

柴魚香氣引路，帶領旅人進入太平洋海域生態，然後踏入時空隧道，看見七星潭的人文往事。

走入柴魚博物館前，多數人可能不知道，台灣曾經是日本料理的靈魂—柴魚生產重鎮。擁有太平洋海域豐富生態資源，早期七星潭因鰹鮪魚獲盛產，成為柴魚製造的重鎮。全盛期近30間柴魚工廠不眠不休生產柴魚，外銷到日本製作高級鰹節。可惜好景不常，隨著漁業資源枯竭、產業日益凋零，十幾年前七星潭最後一間柴魚工廠面臨歇業。眼見居民共同的歷史記憶即將消失，當地企業決定把老工廠頂下，打造全台灣第一間柴魚主題博物館。

以空間回憶七星往事

「一開始成立博物館的動機，是希望柴魚產業文化可以保存下來。」執行長馮筱惠說。團隊花費3年時間訪問當地耆老、收集文獻資料，並到日本參訪柴魚工坊，終於拼湊出七星柴魚產業的樣貌。過去柴魚烘房的穿透性空間，以及牆壁被燻黑的痕跡被完整保留，配合文字說明，予人身歷情境的感受。「我們的導覽和空間結合，從地下室開始，可以踩著過去煙燻用的鐵條了解柴魚製程，然後摸著被燻黑的牆壁、聞到柴魚製作的氣味，讓空間來說故事而非單純用圖文解說。」馮筱惠說。

DATA
add 花蓮縣新城鄉大漢村七星街148號
tel (03)823-6100
time 08:30～17:30，週三休館。
web www.katsuo.com.tw

以柴魚為主題,介紹七星潭的黑金產業文化。

左／展場內重現柴魚燻製場景。**右**／二樓展示柴魚製程與柴薪等器具,並介紹柴魚的烹調應用。

互動裝置介紹柴魚種類和處理方式。

精彩的展示內容,讓博物館成為七星潭的人文地標,然而2017年一場大火,讓博物館幾乎全毀,面臨打擊的團隊花了2年時間重新整理,將「祝融痕跡」大方呈現,過去使用的舊碗盤和燻魚鐵網、古老浮球搭配成別出心裁的裝飾。馮筱惠說:「新生的博物館內容從海洋生態、七星潭人文發展銜接到柴魚所創造的飲食文化,展示與互動性更全方位。」

>>>>>>>>>

以柴魚熬煮湯頭做成的魚丸湯,沒有一絲浮油的金黃色湯底,蘊藏著大海中的醍醐味,入口後鮮美充滿口中,留下回甘爽口的尾韻。

在海風吹送下,薄如蟬翼的柴魚片在跳著舞,彷彿是有香氣的光影遊戲,舞動著甘甜鰹魚香,從視覺上就勾人食慾。

傳統木頭煙燻美味現場吃得到

博物館內的柴魚工坊飄出陣陣香氣，讓參觀者不僅有視覺和互動體驗，還有來自味覺和嗅覺的刺激。團隊在研究過程中，也把柴魚製作技術保存下來，博物館為此重開生產線，以傳統手工製作出頂級柴魚。「我們邀請原工廠老闆做技術指導，讓技術得以傳承。」馮筱惠說。柴魚遵守傳統做法，堅持使用鯖科魚類，鰹魚和鮪魚製作，以木頭煙燻20～30天，雖然十分費工，但做出來的品質感香度一試便知。工作人員把柴魚片研發成各種休閒零食，柴魚高湯也做成即沖包與高湯包，以配合現代人生活習慣。而如果想要立即品嚐柴魚美味，附設的「漁人立食」提供柴魚乾拌麵，以及使用柴魚高湯熬煮的鬼頭刀魚丸湯，讓味覺豐富對柴魚的種種想像。

將舊工廠變身文化產業，有空來到七星潭，記得到柴魚博物館，聞柴魚香、品柴魚味，走一趟舌尖上的人文旅程。

上／以古法製成的柴魚香氣十足。
下／黑潮曼波商品專賣店使用柴魚研發各種商品。

你也可以這樣玩

>>>>>>>

翻滾章魚燒看柴魚片跳舞

使用專屬的章魚燒烤盤，體驗柴魚片在章魚燒跳舞的美味吧！參加「跳跳章魚燒」課程，首先在鐵盤中依序倒入油、麵糊、章魚塊和高麗菜，然後把剩餘麵糊平整倒入鐵盤中，待火燒定型好，利用鐵籤和圓型模具不斷翻滾塑形，把章魚燒變成圓滾滾的模樣，然後烤到表面焦香即大功告成。章魚燒搭配醬汁、美乃滋和新鮮柴魚片，趁著柴魚還在受熱舞動時送入口中大快朵頤，美味讓人豎起大拇指，讚不絕口。

橘之鄉蜜餞形象館

天仁喫茶趣

養蜂人家蜂采館

黑金釀造館

食在大地

台灣具有得天獨厚的氣候環境，醞釀出各地方獨特的特產美食，無論糕餅、茶飲、金桔、蜂蜜或醬油，都藏著世代傳承的堅持，吃得出時間積累的風味。

地耕味-玩味蕃樂園

黃金菠蘿城堡

大甲三寶文化館

郭元益糕餅博物館(楊梅館)

台灣穀堡

民雄金桔

天和鮮物

手信坊創意和菓子文化館

中外餅舖

北區

∘ 郭元益糕餅博物館
　(楊梅館)
∘ 手信坊創意和菓子
　文化館
∘ 天和鮮物

中區

∘ 台灣穀堡
∘ 大甲三寶文化館
∘ 黑金釀造館

南區

∘ 中外餅舖
∘ 民雄金桔
∘ 天仁喫茶趣
∘ 黃金菠蘿城堡

東區

∘ 養蜂人家蜂采館
∘ 橘之鄉蜜餞形象館
∘ 地耕味-玩味蕃樂園

旅遊路線5 ››››››高雄愛河糕餅尋香

1. 沉香博物館
add 高雄市大寮區光明路三段5號
tel (07) 783-8999

2. 天仁喫茶趣
add 高雄市苓雅區三多四路21號12樓（大
遠百店）
高雄市前鎮區中華五路789號7樓（夢
時代店）
tel (07) 338-3528、823-3699

3. 趣活in STAGE
駁二設計師概念倉庫
add 高雄市鹽埕區大義街2號C6-4倉庫
tel (07) 531-0188

4. 愛河風景區
add 高雄市前金區河東路
tel (07) 746-1888

5. 黃金菠蘿城堡
add 高雄市三民區同協路199號
tel (07)321-6666

6. 中外餅鋪
add 高雄市左營區蓮潭路60-1號
tel (07) 588-6366

中外餅鋪
龍虎塔
黃金菠蘿城堡
壽山動物園
愛河風景區
西子灣
旗津老街
趣活 in STAGE
駁二設計師概念倉庫
天仁喫茶趣
（大遠百店）
天仁喫茶趣
（夢時代店）
鳳儀書院
沉香博物館
蓮池潭風景區
瑞豐夜市
澄清湖

旅遊路線6 >>>>>> 蘭陽山林生態美食

1. 養蜂人家蜂采館
add 宜蘭縣員山鄉員山路二段403號
tel (03) 923-3668

2. 金車噶瑪蘭威士忌酒廠
add 宜蘭縣員山鄉員山路二段326號
tel (03) 922-9000

3. 三富休閒農場
add 宜蘭縣冬山鄉新寮二路161巷82號
tel (03)958-8690

4. 國立傳統藝術中心宜蘭傳藝園區
add 宜蘭縣五結鄉五濱路二段201號
tel (03) 970-5815

5. Okme醫遊館
add 宜蘭縣宜蘭市女中路三段298號
tel (03) 931-5095

6. 橘之鄉蜜餞形象館
add 宜蘭縣宜蘭市梅洲二路33號
tel (03)928-5758

亞典蛋糕密碼館
橘之鄉蜜餞形象館
幾米公園
Okme醫遊館
金車噶瑪蘭威士忌酒廠
養蜂人家蜂采館
國立傳統藝術中心宜蘭傳藝園區
宜農牧場
羅東運動公園
羅東林業文化園區
三星青蔥文化館
羅東夜市
冬山河親水公園
梅花湖
冬山老街
仁山植物園
三富休閒農場

以百年糕餅說故事玩創意
郭元益糕餅博物館
（楊梅館）

「老實做餅、良心做吃」從創辦人郭梁楨在台北士林販賣冰沙餡餅和綠豆糕等點心以來，糕餅世家郭元益已伴隨台灣民眾走過150個年頭。位在楊梅的工廠是郭元益的全球生產基地，同時也是完善有趣的糕餅文化園區，透過糕點的前世今生，娓娓道來台灣在地民俗故事。

上／糕餅文化館展示郭元益的歷史與婚嫁禮俗。下／傳統品牌以新設計展現新氣象。

從一根扁擔在士林叫賣起家，到成為婚慶喜餅的品牌龍頭，郭元益的發展足跡儼然是台灣糕餅產業的歷史縮影。來到郭元益糕餅博物館楊梅園區，橙色中式琉璃瓦在陽光下閃耀，傳統糕餅鋪風格的企業招牌下寫著「清同治6年創立」，撲面而來的濃厚中式氣息，訴說著老牌餅舖的悠久歷史。

典藏本土糕餅文化

「楊梅園區為觀光工廠、環境教育場域以及創意產業的結合。」園區副執行長陳信守說：「郭元益150多年，是代表台灣糕餅的所在，而糕餅文化更是和傳統婚嫁禮俗息息相關。」走一趟糕餅文化館，百年老店的創業故事、本土婚嫁習俗等以生動方式呈現。進館前首先會帶著旅客親自手壓綠豆糕，碧綠小

巧的綠豆糕散發清香，細膩口感讓人回味無窮。嘴中吃著甜，一邊認識糕餅的大小知識，婚嫁展示區還準備了扮古裝玩拋繡球體驗，不僅寓教於樂，更讓大小朋友的相機快門按不停。

穿過花草扶疏的綠色廣場，新落成的綠標展覽館帶來不一樣的現代氛圍，作為糕餅文化園區的主要場館，開放式空間設計迎入陽光和綠意，糕模紋樣轉化為設計印花裝飾屏風牆面，活潑的造型燈籠、麵粉袋做成的原

DATA
add 桃園市楊梅區幼獅工業區青年路9巷3號
tel (03)496-2201#1
time 09:00~17:30
web www.kuos.com/museum

迷你版糕餅符合現代人講究精緻化的用餐習慣。

料牆，展現老品牌的創意新風。「綠標展覽館是一棟環保綠建築。」陳信守說：「我們從上百年的糕餅文化中發展巧思，轉換包材和模具，呈現出不同以往的美感。」通透敞亮的空間內規劃手作工坊、咖啡區及產品銷售區，讓遊客能悠閒地坐下來，品嚐現煮咖啡飲品和各種招牌點心，感受糕點帶來的甜蜜幸福。

壓揉敲印手作學漢餅

隨著飲食文化到婚嫁習俗的轉變，一般人對於中式糕點也越來越陌生，手作體驗讓遊客從材料開始，利用傳統糕點「壓、揉、敲、印」四大技巧親手製作點心，同時學習糕餅原料和傳統糕餅製法。園區為不同年齡層的顧客推出各種難易度的課程，為準新人們設計的手工文字喜餅課程，讓每片餅乾都是最有誠意的婚宴伴手禮。另外最受海外遊客喜愛的鳳梨酥體驗，只要依照步驟包餡壓模，任誰都可以輕鬆完成，比起買現成的，自己製作的鳳梨酥更有溫度。

費用平實、內容有趣，讓郭元益的手作體驗大受歡迎。陳信守說：「一般觀光工廠的體驗內容通常一次就放一年，但客人對我們的活動要求比較高，希望多元化，因此每個月

漢餅西餅化的HOK系列，一口大小的創意點心整齊排列，像是藝術品一樣精美雅緻。絲滑潤口的頂級巧克力包覆著傳統花生餡與綠豆餡，還有迷你版的漢餅，帶來讓人眼睛一亮的味覺新饗宴。

清風拂面綠意盎然的環境，開啟對傳統糕點的味覺想像，一如百年老店的堅持，讓生態與文化持續傳承下一個百年。以綠建築打造生態永續的環境。

左／糕餅文化館內設置招親台，讓遊客體驗穿古裝拋繡球。**右**／嚴選伴手禮區規畫適合拍照的角落，以及各式精美伴手禮。

都要想一檔新活動推出。」中秋節烘焙蛋黃酥、萬聖節自製造型餅乾，甚至帶遊客親手做鬼屋和薑餅屋，製作主題抓緊季節話題。此外園區也和周邊串連，和楊梅的仙草花節、土地公文化節等聯名製作商品和體驗活動，為當地觀光增添助力與話題度。

「我們希望博物館是顧客和品牌之間的連結，花時間體驗之後，就能夠認識到郭元益這個品牌。」陳信守說。遊客在郭元益留下創意的手作體驗和美好回憶，將來結婚辦禮俗時，就會自然而然想起郭元益的品牌價值。郭元益糕餅博物館從心手出發，與時俱進的讓中式糕餅文化，在下一個世代也能夠繼續飄香。

你也可以這樣玩

學習百年技法做出溫暖的鳳梨酥

各種創意糕餅DIY活動叫好又叫座，吸引民眾再三造訪。在寬敞的體驗教室中有專業老師手把手教學，帶遊客敲、捏、塑、掐、揉，親自嘗試傳統糕餅的各種技法。最受海外遊客歡迎的「懷舊鳳梨酥手作體驗」，從麵粉、糖等原料開始製做麵糰，將內餡包入麵糰後壓入模具塑形，然後送進烤箱即可。透過老師充滿經驗的講解，就算料理新手也可以輕鬆做出美味鳳梨酥，和傳統糕點的距離也更拉近了。

讓日本人為之驚嘆的精緻糕點

手信坊創意和菓子文化館

當年,一朵櫻花落入清酒瓷杯的頓悟,造就了「手信坊」。以傳統日式和菓子為基底,融入台灣文化、節慶、詩歌與文學情境,努力豐富其味覺層次,強調美感和美味兼具。在四季更迭中走進這裡,聆聽會說故事的和菓子,品嚐最幸福的甜點。

圓圓的米大福,吃得到香氣四溢的米香和厚實飽滿的口感。

DATA
add 新北市土城區國際路55號
tel (02)8262-0506
time 08:30~19:00
web www.3ssf.com.tw

形似元寶的開運燒以Q彈的鬆餅蛋糕包夾著冰心,洋溢幸福美味。

三月，陳世洋與日本和菓子名師勝田安一相約京都賞櫻。兩人席地而坐、淺酌清酒，櫻花如雪般飄落，絕美轉瞬即逝，勝田輕嘆一聲：「殘念！」陳世洋心想，倘若能將這短暫的美麗化為和菓子，致贈親朋好友，將是多麼令人感動。憑著這股心念，數年間往返台日兩地，以熱情毅力感動了名師，欣然將身懷五十多年的製菓技藝傳授給他。

彼時陳世洋以麻糬代工和批發通路起家，面對市場競爭，事業陷入低潮，依然奮勇殺出重圍，於2005年創立「手信坊」品牌，成為全台最知名和菓子專賣店，其獨特造型與口感連日本人都為之讚嘆。

以逆向思考賦予和菓子新生命

從「代工品牌」到「自創品牌」，成功絕非偶然，陳世洋靠著「逆向思考」湧現無數創意，以傳統日式和菓子為基底，融入台灣文化、節慶、詩歌與文學情境，從顧客的角度出發，努力豐富和菓子的味覺層次，要求產品不只乍見讓人驚豔，入口後更要魂縈夢牽。2009年轉型投入觀光工廠，設立「手信坊創意和菓子文化館」，開放麻糬和糕點製程提供遊客參與。

穿過層層鳥居拱門，漫遊櫻花棚架、和風造景來到館場，透過展示與導覽揭開和菓子神秘面紗，了解手信坊如何賦予和菓子全新的價值與生命，研發充滿五感美學的精緻糕點。現場有提供動手做和菓子的體驗課程。

上／現場可以觀賞師傅製作糕餅，也可自己動手做。
下／文化館中的可愛公仔。

你也可以這樣玩 >>>>>>>

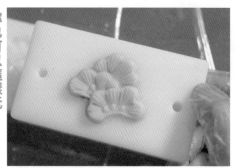

感受和菓子美‧極‧緻的境界

適合親子互動的「創意和菓子DIY」，包含綠豆糕和桃小町（麻糬）的製作：綠豆糕只需將材料放入模型，壓模即可成形；桃小町則提供麻糬皮，將水果及鮮奶油包裹起來，放進容器中即可。
文化館是通過HACCP與ISO22000雙認證的優良觀光工廠，所有糕點都要讓遊客吃的安心。DIY採預約優先制，額滿為止。

堅持天然無毒守護健康
天和鮮物

因為健康因素,讓劉天和赫然發現純淨無污染的海魚難尋,為了讓眾人能安心吃魚,他在澎湖開設了養殖漁場,繼而設立了農牧場、加工廠、超市、餐廳,從產地到餐桌,為消費者打造了全方位的健康食材世界。

天和鮮物嚴選一系列健康調味醬。

DATA
add 台北市中正區北平東路30號
tel (02)2351-6268
time 週一至週五10:00~21:00,週六和週日09:30~21:00。
web www.thofood.com

以健康為宗旨,提供富含多種食材的精力湯、現點現做有機果汁。

「天和鮮物」的創辦人劉天和，為了實踐養殖無污染海魚的理想，選在水質純淨的澎湖西嶼鄉外海成立了專屬漁場。澎湖地域特殊，冬天海水水溫低，魚類的油脂含量提高，加上澎湖海水鹽度高，魚類生長較慢，因而肉質鮮美細緻。

漁場導入了生產履歷，使每一條魚自養殖、分切到運送都有紀錄，誕生了台灣第一條有身份證的健康魚，天和並定期檢驗重金屬、抗生素，以RO水清洗分切魚身，再以超低溫凍結鎖住鮮味，全程確保衛生、新鮮、無廚餘。

多角化經營，異業聯盟超市複合店

除了堅持養殖健康魚，天和與全台灣優質小農合作，供應新鮮當令蔬果，並於雲林契作生機牧場，利用澎湖特產的藻類研製成富含Omega-3及微量元素的特殊飼料，飼養出海藻豬、海藻雞，同步開設了有機超市自產自銷，滿足消費者對安全食材的需求。

用心的天和連續多年榮獲「神農獎」、「台

上／結合實體門市和網站平台，養殖地直送的海鮮。下／有機超市販售自家生產的蔬果、水產，成為全台第一家自產自銷的企業。

灣水產精品獎」，2015年更進一步與全家便利商店合作成立複合門市，展售天和自有冷凍商品、有機生鮮食材。近年來成立自有網路平台，便利消費者網購超過350項的安心水產、畜產，滿足全家人安心享受健康美食的新生活。

你也可以這樣玩

從教學到料理品嚐全營養的真食物

消費者來到「天和鮮物」門市好食料理區可享用鮮味十足的天和涮涮鍋，基底高湯以魚骨熬製而成，搭配季節時蔬、有機豆製品、天和水畜食材，盡享全食物的原湯滋味，飽食而無負擔。此外，為了滿足消費者學習食材多樣化的運用，天和精心規劃線上課程，透過影音教學，從食材的選擇、料理教學、養生、保健等不同主題的影音影片，增加生活創意與健康知識。

台灣米的文化體驗館
台灣穀堡

餐桌是凝聚家人情感的最佳場域，台灣穀堡期望藉由推廣對米的認識，幫忙黏住家人的感情。藉著娛樂性、知識性、趣味性十足的軟硬體設施，把米文化發揮到淋漓盡致，讓消費者參訪過後更深刻體認「好好吃飯」平凡中的不平凡。

台灣穀堡是全國第一也是唯一的互動式米的文化體驗館。

彰化縣是台灣重要的稻米糧倉，而聯米企業更是經營米食超過百年的老字號，目前旗下擁有中興米、台灣穀堡、皇家穀堡三大品牌，一直以「米界模範生」深自期許。

聯米企業董事長莊麗珠指出，全世界超過55%的人類以米飯為主食，台灣更是吃米的民族，但是因為「吃飯」已經太被視為理所當然了，有誰會為了吃一碗飯而感動？聯米的工作夥伴多半是投注畢生心力辛勤耕耘的米農，如何既能照顧到農民、又能照顧到大家的腸胃，讓「全世界無論身在何處的華人，都可以吃到台灣的好米」是她深切抱持的使命感。於是，2010年成立台灣穀堡稻米博物館，期望藉由一句最平凡的「好好吃飯」，讓遊客深刻體驗如何從一粒米激盪出美好生活。

聲光導覽從一粒米體認世界

一踏進台灣穀堡，迎面就是「天下糧倉」，特地從世界各國蒐集來的稻米樣品，布置滿一整面牆；另一面牆則展示世人運用稻米，做成各種型態的美食佳餚。館方設計了30～40分鐘的導覽行程，由訓練有素的解說員引導遊客穿梭在充滿趣味的裝置藝術中，從觀察米的種子、生產、包裝等流程，以寓教於樂的方式，完全浸淫在米的元素中，讓大家眼見為憑，從此以後更珍惜米的存在。

活動過程最大的亮點，莫過於色香味俱全

DATA
add 彰化縣埤頭鄉彰水路二段526號
tel (04) 892-6088
time 平日08:00~17:00，假日08:00~18:00
web www.ricecastle.com.tw

台灣穀堡用一整面牆展示世人運用稻米做成各種型態的美食佳餚。

左／在台灣穀堡可以親眼見識米的包裝過程。**右**／還可以穿上務農裝拍照留念。

特別設計的空中舞台，每天固定時間會現場爆米香，具震撼性的聲光效果搭配四溢的濃郁米香，往往勾動不少年長者的往日情懷。

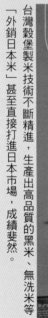

台灣穀堡製米技術不斷精進，生產出高品質的黑米、無洗米等，「外銷日本米」甚至直接打進日本市場，成績斐然。

怎我們還種田、仍吃飯
人與米所結的不解緣
誰能勝過這久遠
思著想著
你不禁也要驚呼一聲
OH , MY GOD ! !

的空中爆米香秀：搭建於2樓的空中舞台，有一輛傳統的爆米香車，每天定時在現場爆米花，屆時濃郁的香氣、震耳欲聾的臨場感，往往勾起不少年長者的思念情懷。

力求娛樂知識趣味性不斷精進

台灣穀堡館長劉斐弘表示，場域在建造之初，比較偏重傳統的本土味，後來經過幾番整修，2015年幾乎80%改頭換面，加入時尚的工業風，力求更貼近現代生活；2018年二度改裝，並且正式更名為台灣穀堡；2019年第三度改裝，展現出今日的模樣；計畫中未來場域將擴及戶外空間、添加異國風情，力求娛樂、知識、趣味性等皆更臻完備，消費者不妨拭目以待。

此外，從製造生產跨足到服務業，商品很重要，賣場除了米之外，這幾年持續研發新

館方設計了30~40分鐘生動有趣的導覽行程。

產品，朝輕量化、趣味化的方向努力發展，包括米咖啡、米奶茶、米香霜淇淋、糙米捲等，米幻化成各式各樣的面貌，在台灣穀堡與世人相見。參觀之餘，消費者更樂得把產品帶回家。

你也可以這樣玩

手作米香刺蝟，爆米香自己來

台灣穀堡備有多種DIY課程，可以體驗米餅烘焙、製作壽司、製作鍋粑米棒等，甚至做一包專屬自己的米帶回家。以程序簡單的「刺蝟造型米香DIY」為例，是借用融化的巧克力，把事先爆好的糙米花黏在炸彈麵包上，稍待冷卻後就是可愛又可口的造型米香刺蝟。

此外，人數較多的團體，也可以體驗製作古早味的爆米香，指導員以趣味的方式一步步引導遊客備料、入模、引爆，現場結合先進的聲光效果，頗具震撼力。由於材料、設備需要事先準備，別忘了行前先行預約。

以奶油酥餅串起在地文化技藝

大甲三寶文化館

為感念媽祖庇佑，以在地文化保存紀錄為使命，「裕珍馨」糕餅老店透過「大甲三寶文化館」的成立，讓媽祖信仰、帽蓆編織和奶油酥餅的精彩故事齊聚一堂，串聯起大甲人的尋常生活記憶、風俗民情與手工技藝。

圖片提供／大甲三寶文化館

奶油酥餅區陳列了六款裕珍馨寶寶公仔與紀念章。

DATA
add 台中市大甲區光明路67號2樓
tel (04)2687-0929
time 10:00~17:00
FB www.facebook.com/YJS.SanBow

邀請在地藝術家，每年推出五檔特展。圖為史嘉祥老師的陶藝創作個展「形色」。

上／走進館內認識奶油酥餅的歷史起源。
下／現場展示糕餅的傳統手工模具。

當年，憑著一首籤詩，在媽祖開示下連擲六個聖筊，意外開啟陳基振的製餅人生，繼而創辦了「裕珍馨」，以奶油酥餅打響名號，成為大甲知名特產。

懷著對大甲深厚的情感與責任，陳基振在裕珍馨光明旗艦店尚未完工前，就規劃要保留一個樓層做為公益的開放空間，直到第二代陳裕賢接手家業，2004年在2樓成立「大甲三寶文化館」，除了展示大甲三寶－媽祖、帽蓆與奶油酥餅的文物介紹，每年更推出五檔特展，邀請在地藝術家展示創作，讓民眾完整體驗在地文化。

走出去發聲的行動文化館

走進「媽祖區」，參觀16尊敘述媽祖一生故事的木雕，體驗大甲媽祖遶境的活動盛況；到「帽蓆區」，細賞國寶級草編藝師朱周貴春編織的「龍鳳蓆」；在「奶油酥餅區」尋找以酥餅的六大製程設計的六款「裕珍馨寶寶」公仔與紀念章，不同的製程代表不同的人生意義。

文化館更透過發行刊物，走出館外聆聽更多大甲動人的故事，在藺草越來越難取得的今日，從採訪中找到一群返鄉青年組成的團隊，記錄他們如何以新世代的方式去復活藺草編織技藝，並從藺草復耕開始做起。

你也可以這樣玩

透過導覽聽故事尋找座右銘

創業以來，陳基振總要求在秤酥餅時，如果秤接近或剛好五斤，一定要多加一片給顧客，因此常指著磅秤對員工說：「五，加一片！」，寧可多給也絕不少給，秉持「秤頭就是路頭」的經營智慧與處事原則，講求誠信，消費者才會一再上門，也成為裕珍馨傳承近一甲子的座右銘。在館內跟隨專人導覽時，不妨找找這把秤陳列在何處。

以百年時光醞釀的甘美溫醇

黑金釀造館

歷經世代交替的大同醬油家族，百年來始終遵循甕釀發酵的祖傳配方，堅守文化傳承的使命。醬缸裡不只用時間醞釀出濃香好味，更投注了新一代與家鄉發展共榮的滿盈創意。

圖片提供／黑金釀造館

上／以傳統甕釀的厚實豆汁宛如美酒般香醇。下／醬油蔭瓜是白飯的最佳伙伴。

雲林縣斗六市工業區斗工二路39號
(05) 557-3636
08:30~17:30，全年無休，週六、週日生產動線保養日停止生產。
web www.tatungcan.com.tw

在時光走廊裡，細數大同醬油家族百年前創業至今的點點滴滴。

自古以來,上天似乎特別眷顧濁水溪下游的雲林西螺地區,不僅日照充足、雨量適宜,更賜予優良豐沛的水質,當地人開始在自家後院釀造醬油,漸漸形成全台規模最大的黑豆醬油釀造群落。而「大同醬油」創辦人最初是在鄉下賣肉圓,以自製黑豆醬油為拌料,沒想到醬油喧賓奪主,成了饕客最愛,最後乾脆專心賣起醬油,自此展開百年老字號的黑金歷史。

體現在地台灣味的文化傳承

「醬油對我而言不只是入菜的調味料,而是一種文化傳承的體現!」大同醬油第五代曾士豐如此說。不同於以黃豆小麥為主的日式醬油,雲林西螺採用黑豆釀造的醬油得結結實實花上180天才能熟成完備,雖然產能低、價格較高,但傳統甕釀的厚實豆汁如美酒般層次豐富,絕對令人魂牽夢繫。尤其最具台灣味的「醬油膏」來自於大同醬油百年祖傳配方,將黑豆醬油和入圓糯米漿勾芡調理,風味柔和甘美而且食材附著性極佳。

百年祖傳配方調製的大同醬油,風味甘美絕佳。

走進館場,從時光走廊細數1911年創業至今的點點滴滴,彷彿回到阿嬤的灶腳般,在傳統釀製工具的展示空間裡感受懷舊氛圍,同時還能走進製程區觀賞醬油的誕生流程。透過互動式多媒體展演與手作體驗課程,讓看似平凡的醬油以生動有趣的面貌走進生活。

你也可以這樣玩

親手釀造一瓶黑金紀念品

看完醬油家族的故事與製作流程,何不親手來釀造一瓶屬於自己的黑金紀念品!館場推出「手工醬油DIY」,讓你從研磨糯米漿、倒入醬油和砂糖來回攪拌到親自設計標籤,一氣呵成。不過癮的話,還可參加「醬油米餅DIY」,拿筆沾醬油在米餅上描繪圖案,放進烤箱等待香噴噴傑作出爐。

創意綠豆糕傳承百年甜香
中外餅舖

蓮池潭畔,中外餅舖陪伴左營人一世紀,結婚、彌月、大壽及祭祀都少不了這熟悉的味道,黑白老照片紀錄從「中外食品行」起家的歲月,傳承與創新在「棋餅文創館」匯集,從中外餅舖的發展閱讀左營的前世今生。

上／棋餅文創館的外觀古色古香。
下／經得起時間考驗的糕餅味道。

早在1838年,中外餅舖的余家已在左營北門內販售南北雜貨,直到1905年日治時期戶口調查後,始有正式文獻記載經營雜貨店,專賣糖與鹽。二戰前日本人以軍事機密為由,要求城門附近的居民搬遷至左營大路,光復後,鹽和糖逐漸普及,才開始製作糕餅販售。

1955年,一位上海糕餅老師傅在上班途中,意外被拉上隨軍隊前往台灣的船,既然回不去,只好帶著一身手藝謀生,機緣巧合留在余家,老師傅結合上海糕與台灣糕,研發出入口綿密、甜而不膩、帶點麵茶香氣的綠豆糕,開啟中外食品行的轉型契機,從雜貨貿易邁向麵包和糕餅製造之路。

戲言成真,擦亮百年招牌

第三代接班人余榮欽原本是舊城國小教師,因父親驟逝,返家掌舵,為了母親的一句氣話,意外開發出中外餅舖的招牌商品。昔日,余榮欽的弟弟常因下棋而忘記回家吃飯,每到晚餐時間,余榮欽總要與母親騎腳踏車到處找人,有一次找太久,母親氣的大罵:「你歸去把棋奕作飯來吃!(台語)」余榮欽靈光一閃,請刻印師傅刻出象棋的餅模,做成有趣的綠豆糕。

2001年,「左營萬年季」結合蓮池潭畔的廟宇舉辦闖關活動,啟明堂主祀的關聖帝君喜愛下棋,正好與綠豆糕造型相呼應,中外餅

DATA
add 高雄市左營區蓮潭路60-1號
tel (07)588-6366
time 08:00~21:00
web www.xn--w2xs0d761ckod.tw

棋餅綠豆糕口感綿密、甜而不膩,是最佳佐茶甜點。

舖順勢推廣「棋餅」伴手禮,一炮打響名聲,一盒32顆綠豆泥餡料壓模製成的象棋,附上棋盤紙和手套,吃掉對方的棋子才能享用綠豆糕,好吃又好玩,2019年再次被選為高雄十大特色伴手禮。

結合地區文化的創意巧思

為了擴充工廠空間和推廣糕餅文化,2012年以象棋為設計發想,在蓮池潭畔成立「棋餅文創館」,吸引遊客停留,了解中外餅舖的百年歷史和左營的文化底蘊。

象棋主題貫穿室內外空間,門把內外分別以象棋中的「將」和「相」為造型,象徵「出將入相」,樓梯鑲嵌的棋子由「兵」到「帥」,意喻「步步高升」,萬年季請捏麵人師傅創作的大型棋偶成為傳統又Kuso的亮點。天井灑落明亮光線,原建物的違建部分拆除後,設計成大型棋盤,可自由移動的板凳是象棋棋子,走入其間彷彿置身巨人的棋局。

棋餅文創館秉持「共好」的理念,將自己定位為蓮池潭借問站,致力於推廣左營舊城文史和廟宇文化,希望更多人透過這裡看見舊城風華。設計7條遊程貫穿古厝和廟宇,以中外餅舖為基點輻射到左營各景點,遊客只要到文創館領取地圖,即可開啟自導式小旅行,了解左營的前世今生。此外,結合每間廟的主神推出對應商品,例如:祭祀關聖帝君使用棋餅、為文昌帝君獻上狀元酥等,禮盒做

文創館內裝飾左營萬年季製作的大型棋偶捏麵人。

天井設計成大型棋盤,體驗用板凳下棋的樂趣。

成小型戲台子,可自行組合作為祈願貢品。

　　最難得的是,百年老店未曾忘記企業社會責任,2009年提供楠梓特殊學校的身心障礙學生實習機會,為了讓畢業生有個長期穩定的工作場所,設立棋餅文創館同時成立庇護工場,「與其給他魚吃,不如教他如何釣魚。」第五代女兒余雪萍特地去上課受訓,取得就服員資格,不僅要接手中外餅舖,嘗試更多創新的可能,也準備好帶領庇護工場跟著老店走向下一個百年。

上/設計7條小旅行遊程,鼓勵遊客以棋餅文創館為起點,深度認識舊城。**下**/以戲台子造型的禮盒祈願拜拜,有誠意又有創意。

你也可以這樣玩

漫步舊城・體驗棋餅DIY

不會下一手好棋,至少可以親手做棋子綠豆糕。穿上圍裙、戴上頭巾,變身一日糕餅師傅,將手中的綠豆泥搓圓、壓模、脫模、壓封裝袋,容易上手又有成就感,當然少不了現場品嚐這傳承一甲子的好滋味。

吃完棋餅不妨散步,從中外餅舖出發,選一條半日巡禮路線,跟著地圖和遊程建議漫步舊城,掃描景點明信片的QR Code,參與問答及闖關,結合AR實境的導覽故事,讓左營的文化歷史生動有趣。

情牽一甲子的懷舊酸甘味
民雄金桔

黃澄澄的金桔，小歸小，渾身都是寶，不僅是象徵吉祥的觀景盆栽，也可以製成酸甜的日常零食，變身為整桌的風味大餐，神奇的魅力牽起蔡家三代人的「金桔情緣」，從加工到門市，從農莊到觀光工廠，致力推廣終不悔。

上／園區內佇立著早期的穀倉，散發農村氣息。下／古早味擺設讓時光倒轉。

小小一顆金桔究竟隱藏著何種魔力，可以讓一個家族三代人甘願為了它認真打拼一甲子？這一切就從海漂阿公說起。

當年蔡海漂在朋友家無意間吃到金桔，訝異這口感酸甘卻不起眼的果實，竟蘊藏驚人的營養價值，不但能止咳化痰、增強免疫力，還能控制膽固醇、降低糖尿病等症狀。彼時在農會四健會擔任指導員的他，正渴望為家鄉打造代表性特產，看準了嘉義民雄的氣候、空氣和土質很適合金桔栽種，遂鼓勵農民投入生產，於1960年成立「民雄金桔加工廠」，並以「四健牌」申請註冊商標。

從加工廠邁向觀光之路

2011年，民雄金桔通過了觀光工廠評鑑，將園內70年的閩式紅磚老屋改為「金桔產業文化館」。走進館場，彷彿回到了孩提農村時代，透過一件件充滿古早味的擺設、老照片與專業導覽員引領，細細聆聽蔡家三代人的奮鬥故事；藉由參觀產品製程，顛覆一般人對於金桔加工的想法，從視覺、嗅覺、味覺、聽覺、觸覺出發，發展多元化經營，打造五感體驗、寓教於樂的場域，遊客還能親手為一顆顆小金桔去籽，在工廠不藏私的全套技術傳授下，做出一瓶自己專屬的果醬。

以四季之美揮灑百變休閒風貌

佔地3公頃的農莊園區儼然一座大自然教

DATA
add 嘉義縣民雄鄉三興村陳厝寮7鄰38號
tel (05)272-0351
time 09:00～17:00
web www.kingezi.com.tw

走進金桔文化館，聆聽蔡家三代人與金桔的一甲子情緣。

左／懷舊的展示空間勾起人們的兒時回憶。**右**／充滿農村童趣的可愛裝飾。

室，除了文化館，還規劃有綠樹林、草皮區、烤肉區、戶外座位區、露營區、會議室、孩童樹屋遊戲區、用餐購物區等，讓金桔產業、觀光休閒與自然生態不著痕跡地融合，帶領深度導覽的同時，更不忘將觀光工廠所在的三興村納入解說範圍，順道遊賞社區的鳳梨特產和店家。

初春，枝頭綻放金桔小白花，清香撲鼻；三月桐花五月雪，隨風飄落滿田野；夏日裡就屬青蛙最快樂了，滿池塘輕躍戲水；散步林間，看獨角仙展現鐵甲武士的氣勢，蜻蜓漫天飛舞；時序進入秋冬，樹上掛滿圓滾滾的金桔果實，四季變化之美，在此翩然上映。

面對網路新時代來臨，蔡家從未忘記海漂阿公的信念，以實在認真的態度不斷創新研發，除了鹹酸甜三種口味的金桔餅、果醬、蜜餞等知名商品，執行長廖俐佳指出，回購率No.1的就是「金桔一口酥」！以日本愛心麵粉與紐西蘭奶油製作，將整顆金桔包在酥皮裡，放入口中輕咬瞬間爆漿，甜蜜驚喜湧上心頭。由於用料新鮮，賞味期限短，僅選在固定據點銷售，並積極與電商平台合作，比如專售亞洲設計商品的Pinkoi，藉此打開了民雄金桔的國際能見度。

寬敞的農莊園區坐擁樹林、草皮、戶外座位區，以及遊戲區等設施。

金桔一口酥新鮮製作,人氣最旺。

酸酸甜甜的金桔檸檬可補充維生素C,清爽又解渴。

以天然手法熬製金桔果醬

觀光工廠的招牌DIY,正是老少咸宜的「手工金桔果醬」活動。首先將榨過汁的金桔倒出來,戴上手套,以上下擠壓的方式將種子一顆顆完全挑出來,這樣才不會很苦喔!把挑完籽的金桔放進鍋中煮沸,倒入果汁機攪碎,再倒回鍋裡小火煮,邊攪拌邊加入白砂糖即可。最後將煮好的果醬倒進耐高溫的玻璃瓶約九分滿,蓋緊後倒扣著放到冷卻,這樣可以使瓶內保持真空,比較耐放。完成後,可以把自己親手熬製的果醬帶一瓶回家。

用茶文化與世界交朋友

天仁喫茶趣

茶性的況味與人生有異曲同工之妙，都是先苦後甘、嚐盡壺裡乾坤，有時甚至峰迴路轉，宛如飲盡杯中世界。「天仁喫茶趣」將此概念不著痕跡地融入茶飲、茶點、茶膳和明亮空間中，讓人透過享受喫茶的豐盛饗宴，進而滋潤日常，品味生活。

上／高雄大遠百店擁有寬敞門面和用餐空間。下／造型優雅的茶具展示，送禮自用兩相宜。

DATA

台北衡陽店
add 台北市中正區衡陽路62號2樓
tel (02)2312-2828
time 11:00~21:30
web www.chafortea.com.tw

高雄大遠百店
add 高雄市苓雅區三多四路
　　21號12樓
tel (07)338-3528
time 11:00~22:00

高雄夢時代店
add 高雄市前鎮區中華五路789
　　號7樓
tel (07)823-3699
time 11:00~22:00

高雄夢時代店的用餐氛圍宛如坐在窗邊遠眺茶山，別有一番悠閒逸趣。

「天仁喫茶趣」自2000年開設首家餐廳複合店至今,不僅讓飲茶風格年輕化,更將茶元素揉合進餐點,帶動一股時尚風潮,除了分店擴及全台,也推廣至世界不同角落。

突破了傳統茶文化,天仁喫茶趣祭出巧思新意,將現代簡潔明亮的裝潢與中國細緻優雅的質感融合,創立一家家複合店,以年輕、休閒、生活化的「新茶文化」為概念,賦予多元樣貌,每家店都擁有各自的茶文化主題、茶具展示區和獨特設計空間,堅持採用天仁最優質的茶葉,透過主廚巧妙細膩的靈感與呈現手法,將純粹原味的食材化為新創意料理,從茶園到餐桌,端上驚喜美味。

人生甘苦與茶文化主題相映成趣

身為旗艦中心的台北衡陽店,將茶文化主題「迴甘」帶入店中,茶性的甘味與人生頗有雷同之處,都是先苦後甘,嚐盡壺裡乾坤,宛如飲盡杯中世界。這樣的概念以虛實相間,不著痕跡融入空間或茶膳中,讓顧客享受喫茶的豐盛饗宴與樂趣,進而滋潤生活日常。

高雄大遠百店高居12樓,坐擁開闊視野,用餐空間寬敞,茶文化主題定為「百千」,緣起於佛學大師趙樸初的茶詩:「七碗受至味,一壺得真趣,空持百千偈,不如吃茶去。」走進高雄夢時代店,彷彿坐在窗邊遠眺茶山或於湖畔用餐,成排的茶文化牆和典雅的茶壺展示區,讓茶藝術與飲食生活密切相連。

品茗與人生相映成趣,何不靜心享用一盞茶湯?

你也可以這樣玩

經典茶膳和當季新品輪番嚐鮮

天仁喫茶趣各店每四個月更換一次菜單,在不同時節造訪,都能享用當季新品,口味變化多元。而經典茶膳更是許多老顧客必點招牌,包括「茶油麵線」、「桂香珍魚」、「美人小籠湯包」和「鮮榨水果綠茶」。尤其小籠湯包以東方美人茶茶粉揉進手桿麵皮,搭配鮮嫩梅花肉餡與老母雞高湯,皮薄湯汁甘甜,令人回味再三。

維格餅家全新打造的夢想王國
黃金菠蘿城堡

港澳人口中的「菠蘿」，就是台灣的「鳳梨」，以研製鮮美鳳梨酥躋身烘焙名店揚名海外的「維格餅家」，斥資上億元打造了複合式功能的「黃金菠蘿城堡」，為消費者創建了一處知性又極富樂趣的新穎樂園。

上／最受消費者青睞的鳳梨酥。
下／精心規劃的互動科技充滿巧思。

DATA
add 高雄市三民區同協路199號
tel (07)321-6666
time 09:00~18:00
FB www.facebook.com/golden.vigor.kh/

空間寬敞的賣店中，陳列著玲瑯滿目的糕點禮盒供遊客選購。

秉持「傳承細緻糕餅文化」使命的「維格餅家」，於2015年建造了吸睛氣派的「黃金菠蘿城堡」，並精心規劃了3D彩繪、互動科技、文創商品、鳳梨酥DIY體驗，樣樣充滿巧思驚喜，名列高雄最受歡迎的熱門景點。

泡芙夫人等，設計精緻，值得收藏。一旁的兒童遊戲室有溜滑梯球池、攀爬闖關設施及繪畫投影互動，讓大小朋友都玩得不亦樂乎。特別提醒想拍網美照的遊客，別錯過位於七樓的愛心牆！

新穎設施結合影音與科技互動

走近亮麗的童話城堡，就見到糕餅公仔熱情迎賓，堡內一樓的賣場區也羅列著鳳梨酥、芋泥酥、方塊酥、綠豆糕……等多樣美味的糕餅，現場提供試吃，讓味蕾選擇最愛。

接下來，參加導覽行程登上手扶梯穿越天幕星空，在胡桃鉗士兵列隊歡迎下進入位於三樓的美味森林，一幅幅奇幻的夜光壁畫讓人驚喜連連，3D立體彩繪的觀光廊道引人發揮演技趣味合影，最特別的是360度巨型球體放映人文美景，是台灣首見的科技裝置。

四樓的鳳梨酥DIY教室提供絕無僅有的烘焙體驗，五樓的文創賣場區展售糕點化身的精美公仔，包括旺來國王、蛋黃酥皇后、香芋公主、麵包球仙子、栗子師傅、綠豆糕王子、

在胡桃鉗士兵列隊歡迎下，登上手扶梯穿越天幕星空，進入夢幻的觀光廊道。

>>>>>>>>

你也可以這樣玩

做出獨一無二的專屬鳳梨酥

鳳梨酥DIY是絕無僅有的歡樂體驗，大小朋友排排坐好，首先慢慢擀揉麵糰，然後將麵糰和內餡平均分切好，接著進行包餡、放入模型、壓平，所有過程都由自己一手包辦，製作出專屬的鳳梨酥，成就感十足。在等待烘焙出爐時，可遊逛文創賣場區、品嚐吐司輕食。遊客導覽及鳳梨酥DIY活動每天設有固定時段可參與，建議提前一天電話預約。

甜蜜入心的生態之旅
養蜂人家蜂采館

走入花香綠草的庭園，看見蜜蜂的神奇世界，從生態展示到甜蜜入心的美食饗宴，養蜂人家蜂采館為旅客們鋪陳一個知識的、文化的、趣味的、生態的蜜蜂之旅，在親近蜜蜂之餘，也感受到自然花草間的種種和諧美好。

上／可愛的造型玩偶拉近與遊客的距離。
下／親眼看見蜜蜂辛勤工作的樣子。

生活中習以為常的蜂蜜，又有多少人真正看過蜂蜜生產和製造的過程呢？位於山明水秀的宜蘭員山，「養蜂人家蜂采館」坐落於花草扶疏的綠地花園裡，人們可以來這裡喝杯蜜茶吃點心，徜徉如茵綠草的懷抱，同時藉由寓教於樂的方式，學習蜂蜜帶來的幸福魅力。

打造品牌讓蜜蜂有個家

歐式風格的斜頂房舍，映照入綠意美景的落地玻璃，讓遊客一走進養蜂人家就帶著好心情。「歡迎試喝蜂蜜水。」工作人員熱情招呼著，品嚐涼爽甘甜的蜂蜜水，新鮮蜂蜜的美味魅力不需要任何說明，只要喝過就能明白。

結合餐飲、自然生態、教育展示以及商品販售的養蜂人家蜂采館，是宜蘭優質蜂蜜的生產基地。創辦人黃東明館長是第三代養蜂人，有感於傳統養蜂事業就像是遊牧民族，四處搬遷居無定所，加上市面上假蜜、調和蜜充斥，優質蜂蜜產品亟需打造品牌建立起市場認知，他結合其他蜂農共組產銷班，並創立品牌「養蜂人家」，黃東明館長堅持所生產的蜂蜜不含違法添加物，並設計履歷書，讓產銷履歷的概念落實在蜂蜜上，成功將品牌行銷全台。而旗下商品除了食用蜂蜜，還延伸到蜂王乳、蜂膠等養生美容產品，讓天然蜜蜂的豐富營養與多重功效，為日常生活帶來更多好處。

DATA
add 宜蘭縣員山鄉員山路二段403號
tel (03)923-3668
time 08:30~17:00
web www.beefarmer.tw

展示館內介紹蜜蜂生態與養蜂過程。

直接從蜂箱中,跟蜜蜂們「借」一些新鮮原蜜享用,甜蜜芳醇的香氣在口中擴散,絲綢般地滑潤口感甜蜜流淌舌尖,讓人不自禁閉上雙眼,發出幸福的讚嘆。

蜂巢抹茶霜淇淋在香草霜淇淋撒上清新抹茶粉,最後放一塊盈滿蜜汁的厚實蜂巢,冰涼爽口的冰淇淋和新鮮蜂蜜交織,最後拿起蜂巢咀嚼,感受有如蜂蜜三重奏的豐富口感。

上／透過圖文解說，了解養蜂是環境友善的產業。
下／童話風格的Honey Café輕食餐廳。

優質良蜜「蜂」富生活

　　來拜訪蜂采館的參觀者們，有些是為了現做的蜂蜜鬆餅、冰淇淋專程來吃下午茶，有的是來和辛勤的蜂群打招呼進行知性小旅行，還可以看到攜家帶眷的家族遊客，父母在樹蔭下喝著冰蜜茶，孩子則在草地上暢快奔跑，徜徉在蜜蜂最喜愛的純淨自然裡。

　　受到遊客歡迎的蜂采館，其實經營並非一帆風順，2001年建館之初以生態導覽為主，蜂蜜產品為輔，但因為地點等因素，使得剛開始參觀遊客寥寥可數。黃東明館長決定改變型態，重新打造適合親子休憩的環境，並結合咖啡下午茶複合式經營，成功為產業創造新價值。

新鮮蜂蜜淋在現烤鬆餅上，香氣濃郁誘人。

蜂箱展示蜜蜂生態以及採蜜過程。

在蜂蜜的甜美滋味引導下，遊客透過深度導覽體驗，近距離接觸蜜蜂，品嚐現場採收的蜂蜜、蜂王乳、花粉等新鮮蜂產品，親自看過嚐過了，自然就能喜愛上蜜蜂生態及文化，了解純正蜂蜜以及維持生態平衡的重要性。

另外，蜂采館也從食品跨足到生活，館內咖啡屋提供用蜂蜜所製成的輕食、飲品等。美味的蜂蜜蛋糕可以做為伴手禮，蜜蜂造型的茶具杯盤可以美化家居，跌入甜蜜的黃色世界，讓蜂蜜有機甜美的形象，為生活帶來健康小確幸。

上／餐廳提供多款蜂蜜特調，茶具也是可愛的蜜蜂造型。中／適合做為伴手禮的蜂蜜蛋糕。下／蜂采館販賣從純蜂蜜到蜂膠、蜂王乳等產品。

你也可以這樣玩

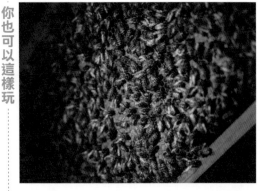

達人帶路，深度認識蜜蜂生態

和蜜蜂達人一起參加蜂蜜的生態之旅。首先從館內出發，認識關於蜂蜜以及蜜蜂的大小知識，對著比人還高的虎頭蜂窩嘖嘖稱奇，接下來走入蜜蜂園，和辛勤的蜜蜂們相見歡，解說員對蜜蜂噴灑煙霧降低活動力，然後拿起蜂巢的巢框，讓遊客觀察蜂巢的構造和功用，甚至看到蜂群跳著蜜蜂舞。解說員還會拿湯匙挖一小瓢新鮮蜂蜜，「產地直送」的蜂蜜濃郁芬芳，令人齒頰留香。

點橘成金的美味秘密
橘之鄉蜜餞形象館

蘭陽金棗知多少？傳承三代的金棗蜜餞工廠跨界出發，歐式浪漫與蘭陽懷舊風結合，傳統蜜餞遇見西方甜點，打造滿足視覺、味覺與手作樂趣的金棗風味旅程。

上／林鼎剛打造品牌，讓企業永續傳承。
下／可愛插圖裝飾的外牆，是遊客熱門拍攝點。

產量佔全國逾九成的宜蘭金棗，酸中帶甜的果肉自古以來就是潤肺養生的天然良藥，過去宜蘭人會煮金棗膏潤喉，在冬季產期把新鮮金棗製作成蜜餞，以利長期保存。

1979年成立的「橘之鄉」，把家族生活中顧嗓潤澤的金棗做成蜜餞生產，堅持真材實料製作不含糖精、色素、香料的高品質蜜餞，並成立全台第一家蜜餞觀光工廠，以透明化的生產過程，讓大家認識金棗與蘭陽的土地故事。「我們的目標是要做一個百年老店。」經理林鼎剛說。祖父是金桔果農，從父母開始現代化生產金桔蜜餞，第三代的林鼎剛面對產業轉變，認為回歸人本精神，才是品牌的永續之道。

走入金棗開心農場

來到橘之鄉蜜餞形象館，映入眼簾的，是如茵綠樹和優美的斜頂玻璃屋，還以為來到歐洲農場。「最開始的動機，是想要在美美的農莊工作」林鼎剛誠實笑道：「像歐洲百年品牌一樣，有一個優美的花園圍繞，在舒適工廠環境製作優質產品，並加上咖啡店和體驗，讓來的人都能感覺到我們家族的文化和個性。」在開始重視慢活的現代社會，蜜餞成為傳統飲食文化的代表，如何透過形象館呈現出宜蘭慢生活，讓旅客不是來去匆匆，而能夠在形象館中散步放鬆，真心感受到金棗帶來的美食和美感，是身為加工廠第三代的

DATA
add 宜蘭縣宜蘭市梅洲二路33號
te (03)928-5758
time 08:30~17:30
web www.agrioz.com.tw

自製金棗蜜搭配現烤鬆餅，傳統蜜餞與洋風甜點的美味相遇。

上／AGRIOZ咖啡館用餐區被庭院綠意圍繞。下／以金箔裝飾的冰釀蜜餞，風味和外型都更為精緻化。

林鼎剛亟欲創新改造的目標。

　　產業跨界是品牌改革的重要因素，將美食、美味和文化串連，讓金棗蜜餞不從日常生活脫鉤，跨域合作像是在中秋節時，就和糕點製作業者推廣用金棗取代蛋黃，尤其是新研發的冰釀金棗、金桔外Q內蜜，放在月餅中既好看又健康，還有爆漿的味覺效果。另外咖啡店內以產品研發出各種點心，將傳統酸桔醬做成冷熱飲，現烤鬆餅結合金棗蜜，酸甜風味和酥烤麵糰一拍即合。

以蜜餞文化傳遞美好生活

　　以落地玻璃帷幕組成的咖啡廳，樹枝造型

拋開對金棗蜜餞的既定印象，晶瑩剔透的冰釀蜜餞，沁滿蜜汁飽含果膠的外形，讓每一粒果實都變成金色珠寶，咬開Q彈外皮，蜜汁汩汩流淌而出，尤其冰鎮後享用更讓人欲罷不能。

園內各個角落裝飾著大小不一的醃漬瓶，呼應橘之鄉最初始的品牌精神。水果的色澤和風味經由醃漬保存、轉化，變成齒頰留香的靈魂之味。

窗框呼應著窗外蔓延的綠意，舊廠改建的空間保留原始骨架，門板和印花玻璃也是昔時老物，懷舊物件和歐風混搭，顯得格外有味道。「我們不斷去思考要怎樣呈現，才能加強與人的關係。」林鼎剛説。優化環境的同時，將人文痕跡保留轉化，讓來訪的舊雨新知既懷念又驚喜。

台灣組成的蜜餞醃漬瓶排列牆上，讓人想起台灣做為水果王國的美譽，館內刻意減少大字報説明，而是透過視覺呈現和體驗活動，以及廚房中製作果乾、蜜餞時傳出來的水果香，給遊客更直觀的感受。

林鼎剛説：「前人覺得我們在搞浪漫而不是生產，晚輩覺得我們代表當地美好的故事。」傳遞生活美好以彰顯品牌價值，優美環境讓人想要拿起手機拍照留念，自然對蜜餞也會有更深的情感連節，從探索蜜餞文化到回歸吃甜甜的單純幸福，在橘之鄉蜜餞生活館，勾勒出新世代的美好生活。

上／吉箱工坊展示各種醃漬台灣水果，喚起遊客對水果的甜蜜想像。下／形象館內販賣橘之鄉產品與精選在地特產。

你也可以這樣玩

醃漬金棗蜜餞享受搖晃步驟

在果香圍繞下，學習本土水果的保存和製作方式。課程根據時間長短，設計了「金棗蜜餞DIY」和「季節果醬製作」兩種體驗。簡單的蜜餞DIY只要20分鐘就能完成，首先在容器中放入糖和鹽，取新鮮金棗利用專門的切割器，在果皮表面劃刻痕後倒入，接下來就是運動時間了，上下左右不斷搖晃，直到砂糖完全溶解才可停止，搖晃的步驟比想像中費功夫，有些人甚至一邊逛賣店一邊搖，最後放入玻璃瓶內，醃漬一天後就可以享用了。

重現花蓮薯的老故事新情懷
地耕味—玩味蕃樂園

搭乘時光列車,穿越到50年前的花蓮,重返王哥柳哥的懷舊歲月。由無人不知、無人不曉的伴手禮品牌「阿美麻糬」帶路,在主題式空間裡想像、互動,玩味花蓮歷史,感受專屬於洄瀾的文化體驗。

上／二樓時光隧道帶著遊客走入往昔宜蘭花蓮。**下**／玩味旅行區展示花蓮各鄉鎮特產。

說到花蓮代表名產,許多人腦中首先浮現的,就是口感香Q、裡頭夾著各種甜蜜內館的小米麻糬。讓麻糬與花蓮劃上等號,同時打響花蓮薯名號的功臣「阿美麻糬」,自創業人余宗柏開業以來已經伴隨台灣人走過半世紀,藉由懷舊風格的麻糬故事館「地耕味—玩味蕃樂園」,就像阿公講古一樣,活潑有趣地訴說著花蓮的老故事、新情懷。

把回憶變成有故事的新風景

「打造玩味蕃樂園的目的,是希望遊客不要只是為了購物來去匆匆,而是把這裡當做景點。」余俊逸說。他是阿美麻糬母公司宗泰集團的第三代,負責玩味蕃樂園的執行與企劃。

50年前獨自騎著摩托車來到花蓮,創辦人余宗柏、也是余俊逸的祖父,從推車叫賣蕃薯糖開始,一步一腳印開創阿美麻糬王國,玩味蕃樂園以文化背景打造園區主題,重現昔日各種有趣的經典場景,張貼手繪海報的老電影院設計得幾可亂真,收藏多年的老帳本、茶几和皮箱等將花蓮商舖的過往樣貌忠實呈現。「時代越變越快,很多老東西大家比較不熟悉。」余俊逸說:「阿公總是告訴我們以前的故事,因此這裡我們把最擅長和在行的,也就是我們的故事傳達出來,分享給大家。」

要創造出有故事性的場域,細節雕琢至關

DATA
add 花蓮縣新城鄉康樂村加灣17-1號
tel (03)826-0707
time 08:00~18:00
web www.taiwanflavor.com.tw

經過多年研發,創造出許多種不同口味的麻糬餡料。

重要，團隊翻查老照片和文獻做範本，但過程並不容易，因為許多老物品和資料早已隨著歲月缺失。「阿公的口述幫了很大的忙，畢竟做出來有沒有像，他最清楚。」余俊逸說：「也因此我們以阿公的故事做串場，因為有一個人是真正走過那個年代的，剩下的再用彼此創意和想像去結合。」

喚起回憶的懷舊裝飾。

幾可亂真的懷舊場景，連電影海報、店面的記帳本、包裝等都完整重現，甚至洗手間還變成了理髮廳和美容院，彷彿穿越時光隧道來到了50年前的花蓮，無論從什麼角度都能拍出精彩美照。

充滿歲月痕跡的老碗盤與保留古早味包裝的阿美麻糬、花蓮薯等商品完美融合，單純手作風味，呼應著悠久美好的傳真年代。

左／現場製作烘烤的花蓮薯香傳千里。右／使用小米製作的傳統捶打麻糬。

感受花蓮在地的心滋味

穿越文化走廊，眼前是花蓮各鄉鎮的風土及特產展示，宗泰食品的食材和主要員工都是來自花蓮在地，因此展示地域文化特色也是園區的重要使命。了解食材根源之後，接下來展銷專區的動線銜接就顯得合情合理。遊客在這裡能夠親自看到麻糬包裝，聞到花蓮薯剛出爐的香氣，讓商品的風味直接傳達，

觸動每個人的感官神經。園區也規劃手作體驗，親自經歷花蓮薯的製造流程，解碼傳統點心背後的美味密碼。

在地耕耘50年，從觀光工廠變成全方位體驗的玩味蕃樂園，園區還預計推出全新時光走廊，讓客人有更多身歷其境的互動體驗，不只買土產，而是能夠喜歡這裡的氛圍和精神，無論照相機和心靈都收穫滿滿。

你也可以這樣玩

揮灑創意手工捏塑花蓮薯

園區規劃「玩味薯一薯」手作體驗，採用店裡實際使用的紫色與黃色花蓮薯內餡，讓遊客發揮創意動手塑形製作。講師首先會介紹花蓮薯製程和原料，接下來就交給每個人以雙色搭配，自由發揮塑形，完成後約花30分鐘入爐燒烤，即可大功告成。

就像是捏黏土一樣老少咸宜，任何人都能夠揮灑靈感，成為百變的花蓮薯藝術家。體驗課程採預約制，請於三天前報名喔！

心之芳庭

誠品生活

沉香博物館

君達休閒農場

旅夢美學

聽著音樂迷失在書海中，看老房子如何變身藝文基地，清晨從香草芬芳的綠建築醒來。以夢想打造的旅宿、技藝和執著的初心，滋養了旅人的心靈。

肯園新生店

三富休閒農場

花蓮理想大地渡假飯店

天一中藥生活化園區

山城美館

緩慢 金瓜石

蜻蜓雅築

北區
- 緩慢 金瓜石
- 山城美館
- 肯園新生店
- 誠品生活

中區
- 心之芳庭

南區
- 蜻蜓雅築
- 沉香博物館
- 天一中藥生活化園區

東區
- 三富休閒農場
- 君達休閒農場
- 花蓮理想大地渡假飯店

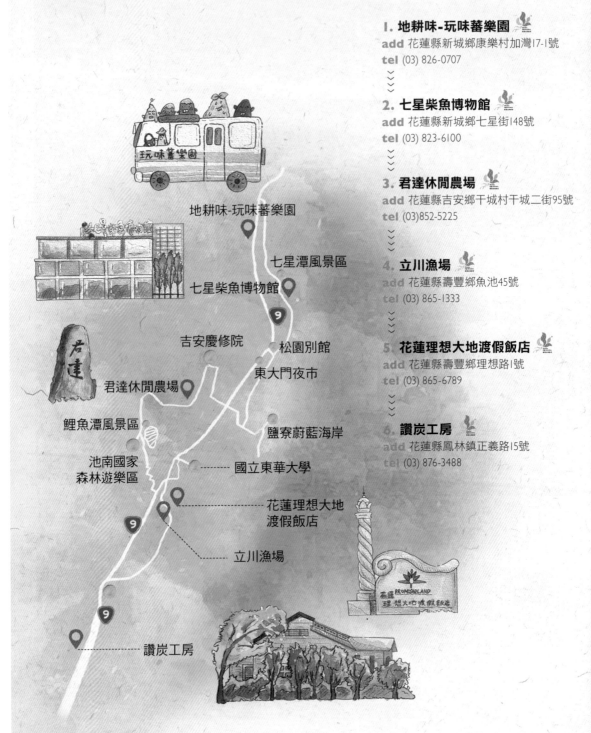

1. 地耕味-玩味蕃樂園
add 花蓮縣新城鄉康樂村加灣17-1號
tel (03) 826-0707

2. 七星柴魚博物館
add 花蓮縣新城鄉七星街148號
tel (03) 823-6100

3. 君達休閒農場
add 花蓮縣吉安鄉干城村干城二街95號
tel (03)852-5225

4. 立川漁場
add 花蓮縣壽豐鄉魚池45號
tel (03) 865-1333

5. 花蓮理想大地渡假飯店
add 花蓮縣壽豐鄉理想路1號
tel (03) 865-6789

6. 讚炭工房
add 花蓮縣鳳林鎮正義路15號
tel (03) 876-3488

地耕味-玩味蕃樂園
七星潭風景區
七星柴魚博物館
吉安慶修院
松園別館
東大門夜市
君達休閒農場
鯉魚潭風景區
鹽寮蔚藍海岸
池南國家森林遊樂區
國立東華大學
花蓮理想大地渡假飯店
立川漁場
讚炭工房

旅遊路線 8 >>>>>> 九份金瓜石緩慢美學

1. 山城美館
add 新北市瑞芳區洞頂路155之8號
tel (03) 0963-663003

2. 黃金瀑布&水湳洞
add 新北市瑞芳區金水公路

3. 緩慢金瓜石
add 新北市瑞芳區山尖路93之1號
tel (03) 0971-566188

4. 黃金博物館
add 新北市瑞芳區金光路8號
tel (02) 2496-2800

5. 九份老街
add 新北市瑞芳區基山街

6. 九份茶坊
add 新北市瑞芳區基山街142號
tel (02) 2496-9056

蝙蝠洞

緩慢金瓜石

雞籠山登山口
九份老街

昇平戲院

山城美館
水湳洞
雞籠山

九份茶坊

黃金博物館

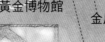

陰陽海

水湳洞
選煉廠遺址

黃金瀑布

浪漫公路觀景台

無耳茶壺山登山步道

金瓜石勸濟堂

祈堂老街

2

山石間的美感旅行
緩慢金瓜石

把注意力多留給自己一些，讓步調過得再慢一點，位於山石之間的緩慢金瓜石，運用依山傍海的自然環境，以獨到互動式生活美學，帶給旅客們返璞歸真的靜心旅程。

上／與周圍自然融為一體的緩慢金瓜石。**下**／從客房露台可以眺望金瓜石的碧山藍海。

寫下北部礦工歲月的山城金瓜石，背倚著奇偉猙獰的海岸山脈，面臨一望無際的藍色海洋。緩慢金瓜石坐落在山石之間，到訪前必須先踩著石梯穿過幽深綠徑，才能在一片碧綠草地後看到民宿的真實樣貌。四層白色小樓以木垣修飾，建築融入青山綠意，在庭院繁盛花草與鳥語相伴下，迎接旅客走入平安靜好的山居歲月。

旅行，遇見生活美學

推開緩慢金瓜石大門前，首先會看到緩慢系列的旅館Logo，兩個字中間的符號代表暫停，而整座旅宿的規劃，就是要讓旅客們慢下來，給自轉公轉的生活暫時劃下一個休止符。

融入金瓜石地景的雅緻建築，內部設計加入當地的人文意象，旋轉樓梯搭配天井採光，旅客尋光拾級而上，彷彿走出礦坑的坑道口。二樓鞋櫃以長短木條裝飾，象徵金瓜石的陰雨綿綿，而屋頂使用沉色木質材料，呼應水金九地區油毛氈屋頂，再加上吸納風景和天光的大面觀景窗，置身在房內，卻隨時能感覺到和金瓜石的自然風土同生共息。「金瓜石的戶外地景時時刻刻在變化，這是我們給房客的季節禮物。」店長吳秀縈說：「遠方白浪、夏季藍天還有夜晚的點點漁火和星空，金瓜石有太多可以探索之處。」

DATA
add 新北市瑞芳區石山里山尖路93-1號
tel 0971-566-188
web www.theadagio.com.tw

享受靈魂的療程，沉澱心靈與山海對話。

焚香，靜心。多久沒有回應內心的呼喚，藉由香氣薰陶，把一切都放緩。在緩慢與大自然久違相逢，靜心、散策、閱讀，盡情地無所事事，回歸身體真實的慢節奏。

向晚時分蒸騰莫測的山巒氤氳彷彿帶有靈性，怎樣也看不厭倦，在客房露台坐看金瓜石的雲霧鳥飛、潮起潮落……隱藏在自然中的詩意片刻變得無比清晰。

慢食慢活的靈魂療程

不只一覺好眠，緩慢金瓜石呈現的是由內到外的山城美感。「我們希望讓空間靜下來，所以從入住開始，就先給旅客一些感官體驗。」吳秀縈說。靜心品香的儀式，讓顧客親自點燃薰香，透過味覺和金瓜石的自然、氣候產生連結。客房沒有名稱，而是讓旅客從三張蕨類明信片中做挑選，翻開明信片，背後是一本書的名稱，日常藍調、寂寞島嶼、季節禮物，孤寂的山城，找不到的街角……團隊挑選適合金瓜石氛圍的書籍，作為房間名稱並放置房內讓旅人自由翻閱。「金瓜石的氣氛比較沈穩適合閱讀，所以我們很鼓勵顧客能夠靜下心來，感受字裡行間。」吳秀縈補充道。

晚餐整點在大廳享用，「山月慢食」活用南瓜、海鮮等在地山海食材，將山城的懷舊風華融入餐點，最後則用當令蔬菜幫自己汆燙

左／主廚特製山月慢食，以金瓜石的自然人文為設計發想。右／北海岸的鮮魚海產，當地生產的南瓜和香菇、魷魚。

九宮格朝食以地瓜粥搭配懷舊小菜。

一道熱騰騰的「樂活汆燙」,做為舒心的收尾。緩慢的管家個個說得一口好菜,向顧客解說每道菜色背後的靈感故事,九份礦工的山城回憶,金瓜石往昔的燦爛不夜城,聽故事嚐美食,真實領略山城的好滋味。隔天還有九宮格早餐喚醒味蕾。豐盛美食和看不厭的景色,讓緩慢時光成為最好的舒壓祕方。

到金瓜石請留步,在群山懷抱下感受郊野隱逸,期望厭倦都市嘈雜的旅人們,能夠在緩慢金瓜石打開五感,重新找到自己內心的光。

上／房客在共同空間中享用餐點,分享旅途經驗。
下／緩慢系列的鎮店之寶樂活汆燙。

你也可以這樣玩
>>>>>>>

完成一本專屬自己的禮物書

「山石間.刪時間」微型策展,結合療癒書寫品牌Date Myself、音樂家克里夫Cliff、朗詩者小小的海,一起走入山時間,進行兩天一夜的書寫旅程。掃描QR CODE跟隨語音指示,首先從調勻呼吸節奏開始,在指引下漫步四周步道微旅行,配合著引導,下雨聲、流水聲和吉他演奏打開旅客的感性,在獨處的過程中不斷觀察和思考,最後再記錄下自我心境,完成一本專屬於自己的禮物書。

打開群山碧海間的藝世界
山城美館

在水金九的山海之間,一群藝術家們以「山城美館」為據點,以創作抒寫黃金山城的群山碧海、繁華與靜謐。從美感出發,走入社區的人文故事,在山城美館學習從眼入心,感受黃金山城的新面貌。

上╱水湳洞風光盡在眼下。
下╱本土民藝作品與藝術創作共同陳列。

「山城美館」不只是美術館,而是二十幾名專長木雕、繪畫、金工、建築設計、陶器等藝術工作者的意念延伸。十幾年前這些被水湳洞土地黏住的藝術家們,成立山城美館做為聯合展演與社區文化交流的空間。2012年,這群夥伴們承租了政府修繕完畢的舊電影院以及舊礦工食堂,展出各領域的藝術創作,同時跨足了社區文化再造,餐飲美食多項層面,打造山城美館成為水金九的藝文基地。

開啟黃金山城的鑰匙

「美館是開啟社區的一把鑰匙,20年前從沒有遊客開始,到現在金瓜石水湳洞每年湧入70萬名遊客,美館一直扮演著開門人的角色,透過展演詮釋地域特色,讓大家可以快速瞭解水金九。」館長阿諾説。

兼有山海風光與人文厚度的水金九,是藝術家們創作靈感的培養皿,他們透過不同媒材—陶藝、影像、雕刻、寫作等,或呈現四季山水風光,或抒發對自然的感悟,還有創作者著眼於礦城歷史和人文痕跡,多角度的詮釋,讓初來乍訪的遊客也能感受到山城豐富的人文底蘊。

館內一年推出「台灣工藝展」與「公平貿易展」兩大主題展,其餘個展與聯展則以一個半月為期做更換。每次展出都會配合主題做空間變化,因此常有參觀者感嘆,每次來看到的都是全新的美術館。

DATA
add 新北市瑞芳區濂洞里洞頂路155之8號
tel 0963-663003
FB www.facebook.com/Ourmuseum9

山城美館展現水金九藝術家的生活體驗和人文分享。

左／藝術家以水金九為創作養分，發展出各種媒材的作品。**右／**館內展售館長阿諾收藏的老件家具。

山城食堂擁有大面露台，風景極佳。

藝術共好文化小旅行

　　美館的藝術家們，同時也是在當地紮根多年的新住民，他們把藝術的範圍放大，將人文關懷擴及到整個社區。「一開始是因為孩子們上小學了，就開始與學校教育串聯，開始做藝術陪伴。」阿諾説：「後來慢慢發展到年長者關懷和社區營造。」兩年前成立的共餐食堂，為社區長者能共同餐食聯繫情感，藝術家們也從老礦工口中聽到更多山城的故事。

版畫勾勒著曲折起伏的海岸山稜，紀錄山石間花草的模樣，蜿蜒山徑與海洋剪影，記憶碎片透過視覺拼湊重組，聚合成水金九的獨特樣貌。

藝術家手繪團扇陳列在充滿痕跡的老物櫥櫃中，彷彿在訴說著山城往昔的點點滴滴，穿越到山嵐嫚舞，倚垣看海的寧靜歲月。

美館內除了藝術品,更利用大面展示牆敍述金瓜石與水湳洞的人文記事。團隊花費約五年田野調查,實地訪問當地耆老,留下礦山的生活紀錄,更創新使用科技連結,讓記述能夠更完整生動。只要掃瞄QR Code,就能夠聽到或讀到相關圖文,走入雲端小旅行。

讓藝廊更貼近人群,同時也為了帶動地方創生,山城美館在藝術之外加入在地文創,以及像是自然染、手工皂等在地工坊優質小物,礦工食堂則使用友善與公平交易的食材,透過老礦工的回憶記述,詮釋過去的礦工食生活。團隊經過多年田野訪查後,推出深度的人文之旅,跟著達人探訪水金九的祕密景點,聽有趣的山城故事,體驗式經濟為靜態展出注入活水,帶來更豐沛的人文資源。

「之前這裡產金產銀,現在產出新的人文礦。」阿諾說,希望大家把山城美館當作文化教室,整座山城都是美術館,讓山城內的藝術種子能夠持續深耕茁壯,結出社區共好的幸福果實。

上/山城食堂以老礦工的回憶為靈感,推出懷舊飯糰。下/深度人文之旅跟著達人穿梭起伏跌宕的金瓜石山城,探索人文故事。

你也可以這樣玩

© 山城美館

用料理品味礦工老食光

「山城食堂」使用美濃種植的原生種黃豆,煮出香氣繚繞的濃醇豆漿。手工饅頭烤得外酥內軟,再搭配香椿醬,重現老礦工心心念念的美味。工班緊湊的礦工們,經常沒時間坐下來好好吃一頓,他們常吃的飯糰和精選蘿蔔乾、梅子做成日式口味,菜脯陳香、酸甜醃梅與粒粒晶瑩的白米融合,因為簡單,更能突顯食材本身的優越。用料理走一遭礦工老食光,簡單中的真滋味越咀嚼越有味道。

淨滌身心靈品味美好香氛生活
肯園新生店

身為國內發展芳香療法的先驅，肯園新生店致力於打造專業、創新、知識導向的企業品牌，除了專注推廣教學，更積極將芳香療法的美好融入身心靈療程中，引領人們進入香氛的世界，享受獨一無二的療癒體驗，讓人生更美好！

>>>>>

芳療師會與顧客一同探索身心，進而建議個人專屬的療程及用油。

DATA
add 台北市新生南路一段97巷25號
tel (02)2772-1801
time 13:00~21:00
web www.canjune.com.tw

2020年，肯園特別與曾志偉建築師合作整建，他擅長融合原始自然，在空間中設置了大型的藤編裝置藝術，掀起視覺澎湃感。

1998年，肯園新生店以芳療產業先驅之姿進入香氛市場，2003年更名為「肯園香覺戲體」，作為一個五感療癒專業推廣者，肯園致力創造的療癒體驗絕不只是單純的「放鬆」，因而於2020年特別邀請擅於融合原始自然的曾志偉建築師進行整修，他在肯園的空間中設置了大型的藤編裝置藝術，宛如植物般有機的生長，掀起視覺澎湃感，也為具有衝擊性的療癒體驗定調，7月中旬整修完成後，肯園恢復使用創始原名「肯園新生店」。

在互動中創造美好的療癒體驗

除了整建硬體空間，肯園新生店同步調整「療程服務」在品牌價值中扮演的角色，毅然決然捨棄了淋巴按摩、筋絡按摩、肌肉按摩等傳統式分類，改採「客製化療程」以實現品牌精神。

所謂「客製化療程」，就是基於每個人生命中各個階段的狀態都不盡相同，需求也隨之改變，因而在選擇遠紅外線療癒、蒸氣

上／除了客製化的療程，肯園更致力開發身體感知。
下／每次療程都是用心共創的細緻體驗。

室療癒或音樂療癒時，都先經由芳療師與顧客充分溝通，視顧客的狀況調整服務內容，以成功啟發新的身體感知，充分沈浸香氛美學，因此，肯園的每一次療程都是芳療師和顧客用心共創的細緻體驗。

你也可以這樣玩

感受音波共振療癒身心

「音樂療癒」是肯園最具代表性的療程，它是運用樂器的聲波震動，達到肌肉放鬆、促進血液循環及體內訊息傳遞的療效。其中，「銅鑼音療」是體驗者坐在銅鑼前輕閉雙眼，接收芳療師敲擊銅鑼，「頌缽音療」則是體驗者趴在床上，由芳療師在身體周圍敲打頌缽，兩項療程都可讓體驗者感受聲波的震動，成功開發身體的感知。

創造閱讀與生活的全通路平台
誠品生活

兼容書店和藝文展演的誠品，於2010年落實專業經營成立了子公司「誠品生活」，承襲「將人文、藝術、創意融入生活」的核心理念，「誠品生活」成為整合通路、品牌、餐飲、旅館、人才創業的文創產業平台，與顧客分享更美好的生活！

上&下／信義店擁有全台唯一24小時唱片行「誠品音樂館」和24小時書店裡的「誠品知味市集」。

DATA
誠品生活信義店
add 台北市信義區松高路11號
tel (02)8789-3388
time 3F書店、音樂館、知味市集：24小時營業；商場、兒童館、文具館、2F書店：11:00~22:00，週五和週六11:00~23:00。
web www.eslitespectrum.com.tw

誠品生活松菸店
add 台北市信義區菸廠路88號
tel (02)6636-5888
time 書店、商場：11:00~22:00；畫廊11:00~19:00，週一休館

松菸店結合書店、電影院、表演廳、畫廊及文創工藝手作等多元領域，獲CNN Travel評選為「世界最酷百貨」之一。

2006年，融合書店、設計品牌、國際文創、藝文展演的「誠品生活信義店」開幕，這一間展現多元面向的旗艦型大店，提供閱讀、生活、親子、服飾、餐飲等服務，除了書籍選物超過十七萬種，並成立外文專區陳列兩萬種外文書籍。2020年接棒敦南店成為24小時不打烊書店，打造一座「生活與晝夜閱讀的博物館」，還包括匯集生鮮食材的誠品知味市集以及全台最大的音樂館。一隅的eslite café可品嚐調酒與咖啡，營造出令人驚豔的夜讀沙龍。

積極發掘與培育台灣新創設計品牌

積累多年豐沛的藝文資源，誠品於2013年進駐松山文創園區成立「誠品生活松菸店」，經營層面拓展至書店、藝文電影院、表演廳、文創工藝手作及誠品畫廊等多元領域，獲CNN Travel評選為「世界最酷百貨」之一！松菸店秉持培育新銳文創的理念，推出expo文創平台以促進新創設計品牌交流及展售，以實際行動發掘與協助台灣新創文化品牌發展。

近年，誠品生活持續佈局全通路計畫，推出全新「誠品人APP」、自有行動支付eslite Pay，並規劃全新電商平台「誠品線上」，建構成一處整合虛實服務的文創生態圈，為顧客提供最貼心的服務。

上／誠品生活文創平台expo持續發掘並協助台灣新創文化設計品牌發展。下／誠品生活信義店5F森活遊藝區不定期舉辦親子活動。

多種手作課程體驗美好傳統工藝

松菸店不僅提供顧客遊逛商場的樂趣，更在2樓精心規劃了皮革、陶藝、金工、木作、吹製玻璃、暗房沖印等十多項手作體驗課程，邀請大家踴躍參與，親手實作，認識傳統工藝之美，在過程中獲取知識、樂趣和成就感，還可將自己手作的獨一無二成品送給親愛的家人和好友，傳達分享喜悅的心意。

見證動人愛情預約完美婚禮
心之芳庭

「心之芳庭mon coeur」，中文的意思為「心中芬芳的庭園」，外文名「mon coeur」為法文「我的心」之意。這是一處幸福的舞台，上演無數感人的愛情故事以及專屬的夢幻婚禮，用心守護著有情人從愛戀到相守這一路的幸福。

蜿蜒小徑特別設計為兩人並肩而行，增添浪漫溫馨。

DATA
add 台中市北屯區民政里芳庭路1號
tel (04)2239-8900
time 平日10:30~18:30，例假日10:00~18:30，週一休園。
web www.moncoeur.com.tw

在綠草如茵的日光草坪舉行戶外婚禮，穿著典雅白紗的新娘緩緩步入白色教堂，一場浪漫的歐式莊園婚禮就此展開！

最初只是想分享紫色花海與芳香，於是誕生了靜隱在山村中的「薰衣草森林」，這處有著花海、暖陽和微風的園地，成了戀人們編織醉人戀曲的許願地，而為了進一步滿足有情人想在如詩的庭園中完成攜手人生的婚禮，在歷經多年的規劃籌備後，一座傳遞愛與幸福的夢幻莊園「心之芳庭」，在青山綠樹環繞的台中大坑創建了！

專業團隊打造個人專屬婚禮

對「心之芳庭」來說，婚禮不該只是行禮、宴客，而應具有自我風格、感動人心，創建了這座綺麗莊園及專業的婚禮籌辦團隊，使新人們期待完美的專屬婚禮，不再是遙不可及的夢想。

走進「心之芳庭」，就置身在園方精心規劃的「約會區」，園區佈置著南法風格的小屋與綠樹花草植栽，一路走逛噴水池小廣場、藤蔓攀爬的城牆、散發溫馨家庭氛圍的「親親我的家」、品嚐甜蜜巧克力的「可可果果」，以及求婚首選的「小南法」餐廳，令人著迷！

舉行婚禮的「慶典區」呈現新人們心中夢想的莊園婚禮，映入眼簾的天使的祝福證婚亭、許諾禮堂、天空Villa、日光草坪、綠茵光廊，「心之芳庭」用心呈現一場永生難忘的完美婚禮，讓新人和賓客都深深感動。

上／亮光灑入許諾禮堂，一切美得宛如夢境。
下／每處小角落都藏有心之芳庭對新人的祝福。

你也可以這樣玩

邀你High翻季節限定的狂歡慶典

「心之芳庭」每年都會推出季節限定的歡慶活動，在活動期間可體驗精心規劃的手作DIY，包括3月花季的花藝體驗、10月萬聖節的糖果袋製作，以及11～12月聖誕節的香氛調製，萬聖節活動日更辦有盛大遊行、現場表演和走秀比賽，不論家庭出遊、情侶約會或是朋友聚會，都能開心玩翻天，歡迎大家來「心之芳庭」同樂狂歡！

浴火而生的琉璃傳說
蜻蜓雅築

琉璃珠蘊含排灣族的古老傳說、一家三代的情感連繫、部落婦女的生計。蜻蜓雅築使用創新技法燒製傳統琉璃珠,以文化體驗帶動地方觀光,讓三地門成為琉璃珠的故鄉。

蜻蜓雅築的琉璃創作揉和部落藝術與現代美感。

對於排灣族來說,琉璃珠是造物主賜給族人最珍貴的禮物,象徵家族的身分和地位,是結婚的聘禮,也是代代相傳的寶物,每一顆琉璃珠都代表一段傳說、一個祝福。

古老傳說中,把蜻蜓的眼睛埋入土裡,就會變成美麗的琉璃珠,位於屏東三地門的「蜻蜓雅築」依此命名,創辦人施秀菊以琉璃為媒介,傳遞排灣族的文化藝術,打開遊客接觸地磨兒部落的第一道門。

琉璃珠塑造部落特色

因為想找回連繫母親情感的琉璃珠,複製在排灣族中失傳的古琉璃,施秀菊利用教學空檔研究燒製琉璃的技術,沒有任何文字記載的輔助,自己嘗試各種方式燒製瓷土和陶土,一次又一次的失敗也未曾停下腳步。1983年與先生陳福生共同創立蜻蜓雅築,在居家樓下甘蔗板搭建的小空間開啟一生志業,對施秀菊來說,琉璃珠是樂趣,也是一份傳遞排灣族文化的使命。

從模仿走向原創,施秀菊將傳統琉璃珠結合現代技法與複合媒材,創作出原住民文化的當代典範,2011年曾代表台灣參加亞太經濟合作論壇婦女與經濟峰會,讓世界看見排灣族的文化藝術。以藝術精品為品牌定位,開發餐具、首飾、壁飾等兼具實用功能的生活工藝品,成功進駐機場免稅商店、圓山飯店及101精品店外,更打進挑剔的日本市場。

DATA
add 屏東縣三地門鄉中正路二段9號
tel (08)799-2856
time 08:30~18:00,週二公休。
fb www.facebook.com/dragonfly.beads.art.studio/

燒製排灣族古琉璃的工法繁複,每一顆琉璃珠都像獨一無二的藝術品。

左╱琉璃珠圖騰走入生活,變身時尚的吸水杯墊。**右**╱「故事館」內展示施秀菊母親縫製的傳統服飾。

地方創生還沒成為熱門關鍵詞以前，施秀菊已領先市場十幾年，結合文化、旅遊、餐飲與體驗。蜻蜓雅築1樓展售琉璃珠精品和創意生活商品，後方為工作室區域，光澤斑斕的琉璃珠在部落婦女及青年熟練動作中浴火而生，遊客也可在此體驗燒製琉璃珠，順著木梯走上2樓，視線豁然開朗，雨後山嵐飄渺，高屏平原一覽無遺，空氣品質良好時，高雄市85大樓也清晰可見，「五餅二魚食藝」以漂流木和石板為主要素材，彩色琉璃畫龍點睛，每個角落都是風景，「故事館」內則展示施秀菊的創作和珍貴收藏，包括排灣族三寶－青銅刀、琉璃珠、陶壺，以及家傳的傳統服飾。

　　體驗完琉璃珠燒製，等待降溫的時間，不妨坐下品嚐部落的愛玉、德文咖啡，或是以自然食材烹調的無負擔輕食，享受午後的悠閒。

危機就是轉機，以創意邁向未來

　　施秀菊明白部落婦女生活不易，從三十多年前開始擴大規模時，就決定只聘請排灣族人成為夥伴，提供部落婦女穩定的經濟來源，解決部落隔代教養問題，她盼望工作室不只提供一份安家的工作，更給予她們生存的技能。

　　每每環境次次的衝擊，施秀菊帶領蜻蜓

蜻蜓雅築二樓的「五餅二魚食藝」視野遼闊，氣氛悠閒。

雅築跨越一次次考驗。受到不景氣和陸客縮減的影響，加上疫情衝擊，減少九成遊客，原本主打體驗旅遊的蜻蜓雅築首受其害，高價琉璃珠藝品銷售也大不如前，即使面對艱辛的未來，需要向銀行貸款才能給付員工薪水，施秀菊仍然堅持不裁員，「這是我選擇要走的路，再難也要堅持。」

施秀菊的兒子接下蜻蜓雅築面臨的新難題，將琉璃珠的圖騰加入現代設計元素，運用於家飾、布料、環保包、坐墊等生活用品，以全新的創意打破手工琉璃產量有限及遊客銳減的困境。施秀菊為兒子加油打氣，「最壞的時候，我們一起走，或許十步後風景會不同。」傳統的琉璃珠圖騰變身時尚單品，到日本、曼谷參展時皆大獲好評，蜻蜓雅築的未來，將走向最有台灣原民特色的生活創意品牌，就像一顆顆美麗的琉璃珠，經過高溫火焰的淬煉，產生最美的色澤，而生命也終浴火而生。

上／漂流木、石板和琉璃珠建構藝廊般的咖啡館空間。下／蜻蜓雅築是排灣族文化藝術的具體呈現。

你也可以這樣玩

燒製獨一無二的琉璃珠

蜻蜓雅築因電影《海角七號》中的「勇士之珠」和女主角配戴的「孔雀之珠」而聲名大噪，親手燒製獨一無二的琉璃珠，也成了三地門最受歡迎的旅遊體驗。

蜻蜓雅築提供12種琉璃珠樣式，每一顆珠子都蘊含祖先的祝福。換上工作圍裙，在師傅一對一的帶領下預熱琉璃棒、高溫燒融塑形素胚、以不同色彩的琉璃細絲繪製圖騰，靜心穩定彩繪專屬的繽紛，完成後埋入沙中冷卻，等待40分鐘即可加工製作成項鍊、手鍊或鑰匙圈。

為生活點一縷沉靜天然香
沉香博物館

從傳統宗教用品連鎖轉型創意生活，「富山香堂」的沉香博物館翻轉香品形象，結合傳統與現代生活，重燃宋朝文人的風雅品味。在大自然最純粹的舒心香氣擁抱下，認識沉香的生成、產地和薰香之美。

上／沉香氣味有靜心安神之效。
下／品香的每個步驟皆需搭配專業工具。

富山檀香原本只是菜市場旁的紙錢批發商，趕上大家樂、六合彩風潮，拜拜求明牌讓需求量大增，延伸販售香品，當時經營金香零售店利潤高，逐步拓展生意版圖，1922年成立連鎖體系，在台灣傳統的宗教用品連鎖百貨業站穩腳跟。

隨著近年來環保意識抬頭，年輕人也不再燒香拜拜，宗教用香的市場逐漸萎縮，董事長鄭銀瑞預見傳統產業的壽命，試圖將香品的使用擴展至日常生活，2007年成立新品牌「富山香堂Fushankodo」，以「頂級薰香，低調奢華」為宗旨找到新定位，跨足精緻生活領域，目前已成為台灣頂級的薰香品牌。

純粹天然，品質保證

「沉香是木頭的精華。」加入家族企業的第三代鄭入輔解釋以沉香為核心商品的原因，為了完整呈現公司形象，讓合作廠商了解品牌調性及產品，富山香堂在高雄市大寮區的總部1樓設立「沉香博物館」。

走進沉香博物館，立刻被形似枯木、又如雕刻作品的沉香木吸引，服務人員一邊點香試聞，一邊解說沉香的生成。瑞香科植物受到外在環境侵襲破壞，會分泌油脂自我修復，經真菌作用後再與樹幹融合產生的物質就是沉香，過程至少需數十年，樹脂含量高的沉香甚至要數百年生成，因為稀有，所以珍貴。

富山香堂的沉香主要來自越南、印尼、新

DATA
add 高雄市大寮區光明路三段5號
tel (07)783-8999
time 09:00~17:00
web www.53fs.com

富山香堂設計開發的香座如工藝品般優雅。

左／沉香木極具收藏價值。**右**／空間融合中式雅韻與現代設計元素。

加坡和中國海南，堅持使用天然或野生的沉香木，即使複合香氣，也僅用純天然植物調香。製作過程嚴格把關，不添加任何化學香料、不傷害人體健康、不染色、不造成環境污染，定期進行SGS檢驗是富山香堂對自我的基本要求，「純粹天然」的經營理念隱藏在每個細微的環節。

為了確實掌控品質，從原料進口、產品設計研發到工廠製造，富山香堂一手包辦。上下游整合的過程曾面臨重重阻礙，還發生廠商聯合斷貨的緊急情況，即使因開發新廠商而幾乎沒有利潤，或是為了取得獨家供貨造成財務吃緊，仍然沒放棄這條道路。垂直整合後更佈局零售連鎖通路，做到產銷合一，除了台灣，經營版圖擴及大陸、泰國、馬來西亞等地。

時尚生活，精品薰香

悠遠的木質香氣瀰漫沉香博物館每個角落，聚光燈下，不同產區和樹種的沉香猶如一件件藝術品，黑色油脂密布枝幹，呈現時間淬鍊的永恆之美，暗示富山香堂追求「天然」的初衷。董事長鄭銀瑞親自設計空間，原木、玻璃與黑鐵串連展場，漂浮式展示架讓整體空間更輕盈，平衡檀香巨木及沉香木帶來的視覺震撼。

走上2樓展間，沈重的防盜門後是沉香博

以沉香木打磨製作的手串和佛珠，光澤圓潤、散發雋永幽香。

左／用創意包裝不同產區的盤香，讓品香多一份趣味。**右**／漂浮式展示架讓空間更輕盈。

物館的靈魂，二十多年來收藏的珍品皆陳列於此，有巨大的檀香木、自然風化的沉香木、各式各樣高品質沉香製作的念珠手串，也有數位大陸雕刻家分工合作才能完成的檀香木雕刻藝品，每一件都是價值不菲、獨一無二的藝術珍品。

宋朝香道象徵風雅，香品深入尋常百姓的生活中，富山香堂翻轉與宗教連結的香品印象，重燃宋朝的香道文化，從香座設計上著手，在中國傳統藝術的底蘊中加入現代元素，細膩優雅又不顯老氣，擺在家中都是極具美感的裝飾。訴求精緻也沒忽略實用功能，研發出汽車專用的加熱式電香爐，迷你隨身包適用出差或旅行，純天然滾珠精油方便隨身攜帶，讓熟悉的味道緊緊相隨，隨時沈浸在療癒的大自然芬芳中。

你也可以這樣玩

風雅靜心，品香之道

日本「三雅道」中，茶道養性，花道養心，香道靜心，在禪學與美感中體悟人生，沉香博物館的「香道體驗」重現古人的風流雅韻，品味天然香木不同階段的味道變化。

隔火薰香是品香的最高境界，把香料放在銀葉（雲母片）上傳導熱度，間接溫度能悶出沉香木雅緻醇濃的悠長韻味。過程中，香道師分享香道的基礎概念及品香方法，運用專門的精緻香具，展現燃碳、理灰、烘烤香材、聞香、傳遞品香杯等熟練而優雅的姿態，如一場視覺、聽覺、觸覺和嗅覺的療癒之旅。

趣味故事互動翻轉中藥形象
天一中藥生活化園區

打破傳統框架，顛覆中醫藥艱深、苦澀、麻煩的刻板印象，透過互動體驗和生動導覽，將博大精深的中醫藥歷史、文化與運用變得有趣易懂。學習跟著節氣過日子、親手做香氛沐浴包、品嚐溫補好滋味，原來中藥是生活中的好朋友。

對三皇許願問卜，求支解運的天干地支籤，互動遊戲把中醫藥變得有趣。

也許你對天一藥廠的名字感覺陌生，但「天一通乳丸」和「正記消痔丸」一定能喚起你的記憶。

民國72年，創辦人周智夫聯合多位中醫師與藥材商共同創立天一藥廠，成為全國第一家G.M.P.中藥廠，原本只是中醫師和中醫診所熟知且信賴的廠商，提供濃縮科學中藥為主的產品，為推廣「中藥生活化」與「預防醫學」的觀念，打破一般人對中藥的迷思，從製造業跨界服務業，民國103年成立「天一中藥生活化園區」，透過中醫藥歷史文化、十二時辰、二十四節氣、陰陽五行、養生概念等內容介紹，讓民眾對中藥運用於生活、保健上有進一步認識。

貼近生活的中醫藥文化

俏皮可愛的吉祥物在園區入口處歡迎來訪者，由擅長煉丹的龜大大、喜歡發問的鹿小小、外號天下第一針的王惟一，以及神醫王祿仙擔任親善大使，並在展區的每個角落陪伴遊客走進中醫藥世界，當然也是最受歡迎的合照對象。

寬敞明亮的展區內，首先以圖文呈現中醫藥演進的千年歷史，導覽人員妙語如珠，以幽默風趣的小故事講解中醫原理，轉個彎，「珍稀藥材大觀園」展示茯苓、蟬蛻、龜殼、蛤蚧等，令人大開眼界；透過銜接工廠端的玻璃窗，能見到科學中藥的包裝製程；掀開二十四節氣的翻翻牌，學習時令養生食補；

DATA
add 台南市官田區工業路31號
tel 0800-363749
time 08:00~17:00，週四休館。
每日10:00和14:00提供定時導覽。
web www.itenergy.com.tw

天下第一針的王惟一外型像十八銅人，相當受歡迎。

左／餐飲區販售滷包和補包，在家進補也很方便。**右**／轉動健康摩天輪，尋找生活良帖。

轉動「健康摩天輪」，找到一日十二時辰的健康生活指南。「中藥不只是藥，可預防更可保健。」生活化的展示內容翻轉中藥的「藥草」印象，也吸引許多日、韓觀光客遠道而來。

「中藥生活化園區」不只是個觀光工廠，更將目標放在長遠的中醫藥文化教育傳承。與當地社區大學合作，於園區內開辦課程，從實做中認識藥材、藥膳、調配防蚊香包，落實中藥生活化；亦與台南市政府社會局合作，於社區發展協會辦理「跟著節氣過生活，樂齡照護健康go」講座，依據當令蔬果食材，提供銀髮族節氣養生保健之道；此外，秉持著「共好」的企業文化，不定期辦理市集與義診活動，回饋鄰里並帶動地方共同發展，未來更期望能整合各界資源，朝向中醫藥學苑前進。

互動體驗，傳統中藥新面貌

園區最吸睛的是仿古藥房「天一本舖」，把古裝劇的場景帶進真實世界，紅色匾額下整齊排列木製小藥格，櫃台上放置戥子秤、算盤和搗臼，角落的煎藥爐還以假亂真亮著火光呢！換上園區提供的古裝，有模有樣地扮演掌櫃、藥童或格格，打開藥材櫃，還能把玩四物湯和八珍湯使用的當歸、川芎、熟地黃、白芍等；或是站在Q版的女媧、伏羲和神農面前祈願問卜，抽一對天干地支籤，解答近期運勢，

仿古藥局的一日掌櫃，換人試試看。

左／藥膳排骨湯添加龜鹿四珍膠，醇濃味美又滋養。**右**／漢方保健錠劑攜帶方便，隨時維持好氣色。

結合傳統文化的互動體驗，好玩又有趣。

　　陣陣香氣吸引遊人朝餐飲區移動，藥膳為中藥生活化寫下最佳註解。添加龜鹿四珍膠的藥膳排骨湯鮮香純濃，軟嫩排骨入口即化，滋補精華濃縮於舌尖上的美味；鎮店之寶「天一補給蛋」口感Q彈、滋味飽滿，特選10種珍貴中藥材，經文火慢慢滷製再冰鎮72小時而成，藥材香氣浸透蛋黃，與生津止渴的仙楂烏梅飲堪稱絕配。

　　商品加入巧思和創意，改變傳統熬煮中藥的老派印象，新品牌《天記》推出龜鹿御膳調理包、攜帶方便的漢方保健錠劑、主婦好朋友滷包和補包等方便實用的商品，並與官田烏金共同開發當歸生活薰香，以農廢再生的菱殼碳製作薰香，淨化空氣和驅蟲，還能降低30%煙量，真是一舉多得。

你也可以這樣玩 >>>>>>>>>

做一個香氛沐浴包寄給親友

仿古藥局的角色扮演還不過癮？參加「香氛沐浴包DIY課程」，試著捻起傳統戥子秤，小心翼翼移動秤砣，斤斤計較細微毫克，同時認識金銀花、橘皮、紅花、菊花、白芷等草藥，不管大人小孩都會變得全神貫注，完成的香氛沐浴包還能當作明信片，寄給朋友或家人。

除了固定的體驗活動，園區也會配合節令、時事不定期舉辦各類活動，例如：中藥疊疊樂、中藥賓果、中藥大富翁等，不同時節來訪，還有機會參與節氣限定的手作課程。

漫步綠蔭莊園森呼吸
三富休閒農場

滿山蔥鬱環繞，庭院裡柚花陣陣，野鴨三兩成群悠閒地踱著步，置身被大地眷顧的綠色桃花源，在三富休閒農場徜徉有善綠生活，解鎖與自然共處的各種心動體驗。

上／生態豐富的農場內，四季各具風情。
下／杉木模風格的建築融入自然環境。

新寮瀑布的泉水潺潺流過，仁山植物園環抱四周，位於冬山河上游的三富休閒農場，13.4公頃的腹地內坐擁流水綠樹和綿延青山，以及豐沛的物種和生態，蝴蝶、蜻蜓漫舞林間，蛙鳴鳥語日夜更迭，螢火蟲、八色鳥給您季節驚喜，在這裡，會不自覺放下手機，傾聽大地的聲音，感受動物與自然的和諧共存。

徜徉柚子花開時

成立近30年來，農場堅持不使用任何農藥或化學藥劑，以維持自然食物鏈的完整性，因此生態資源非常豐富。後方山坡約3～4公頃的老欉柚子樹，是農場友善管理的最佳招牌，在地生態與純淨柚果相輔相成，土壤豐沛的能量讓柚樹不用施肥就結實累累，同時

也成為野生物種的遊樂園。四月柚花綻放，漫步林道中欣賞螢火蟲，呼吸盈滿幽香的甜美空氣，九月成熟期，滿樹柚子多到採不完，還能體驗柚子醬DIY，不同活動隨著季節輪轉上演，讓三富農場一年四季都樂趣洋溢。

做為兼具餐飲、住宿、生態旅遊、會議研習等多功能的綜合型農場，30年來隨著生活型態轉變，工作人員世代交替，也必須要面臨轉型的挑戰。在都市工作的第二代大女兒徐儷禎與其夫婿張孟哲決定返鄉接棒，為農場的升級轉型注入新元素。

DATA
add 宜蘭縣冬山鄉新寮二路161巷88號
tel (03)958-8690
time 園區10:00~17:00，週二公休。
web www.sanfufarm.com.tw

在紫森林旅宿放鬆心靈，享受豐富宜人的自然。

在柚花盛開的季節，採取新鮮柚花與糖蜜醃漬，做成花香襲人的柚花釀。打成冰沙後，帶有柑橘清新的花香在脣齒間綻放，沁涼冰沙滑入喉中，甜美芬芳的花草風味傳達來自山林的豐沛能量。

早晨在鳥鳴中醒來，走到露台嗅聞森林與土壤的氣味，看著微風吹過落羽松溫柔搖擺，舒緩的身心讓人與土地產生連結，感受與大自然的靈性脈動。

池水圍繞客房，打造私密庭園水景。

上／紫森林旅宿全新客房各具不同特色。
下／房間內簡潔俐落、忠於自然的設計手
法，呈現優雅和諧的感受。

農場轉型五感慢生活

　　工業設計專業的兩人投入改造規劃，打造
結合餐飲、住宿、會議、活動的高質感空間，
清水模外觀的建築融入周遭綠意，通透的廊
道設計引入涼風和自然光，為建築帶入森林
氣息，也讓能源消耗減到最低。張孟哲說：
「我們很喜歡這裡的環境，每次回來都覺得
很放鬆，也希望來這邊的顧客能夠真正的放
鬆，去享受和林野的關係。」

　　紫森林旅宿的欒樹館與紫屋館兩區，欒樹
館為挑高格局，透過大面落地玻璃，將窗外老
欒樹的樹影及四季風光帶到房裡，客人在陽
台上靜靜吹風，欣賞枝葉搖曳，夾帶負離子的

左／紫森林旅宿庭園內清泉綠蔭,景色宜人舒適。右／在戶外咖啡座品飲柚花茶,欣賞滿園綠景。

清新空氣,讓呼吸也成為一種享受。被落羽松包圍的紫屋館,每間客房獨享一方幽靜的池水前庭,彷彿置身在私人專屬的Villa,張孟哲說,環繞的池水倒映森林天光營造美好氛圍,兼具住客隱私屏障作用,只要坐在客房內就可以欣賞到四季變換的天然景致。

把農場的時間調慢一點,張孟哲希望來這裡的客人們是自在放鬆的,在綠蔭天光包圍下沉眠,讓全身壓力釋放,帶著孩子參加生態之旅,看青蛙聽鳥鳴,認識友善森林的訪客們。然後在咖啡廳裡品嚐獨家的柚花茶,還有調和紫薯天然色澤與甜味的紫森林咖啡,打開心扉去認識自然中的點點滴滴,讓環境友善不是口號,而真正融入每個細節裡。

你也可以這樣玩 >>>>>>>>

拿長網竿採摘有機柚子

農場內的蒼翠蓬勃的柚子樹,樹齡都超過了40年,農場主人讓老柚樹在無農藥環境下自然生長,果實純淨又爽脆,每到入秋後結實累累,飄散著清新柚香。每年9～10月,農場開放遊客體驗文旦柚採摘,戴著斗笠,手持長網竿,對準枝頭上的柚子一拉一扯,完熟柚果就會落入網內。老欉柚子個頭小看起來不太起眼,撥開後肉質顆粒感分明,爽脆清甜,是一入口就會上癮的清新滋味。農場將採柚收入捐給公益團體做愛心,另外也設計了柚子醬DIY等體驗活動。

釋放幸福的香草森林
君達休閒農場

坐落在台灣的後花園，花蓮吉安。「君達休閒農場」以有機療癒的香草世界，塑造出可以品味、嗅聞，並觸發心靈感受的七感香草花園，清新怡然的香草芬芳引導疲憊的都市心靈們，回歸自然舒坦的純真年代，感受天地賜予的沛然生命力。

精油調配等DIY體驗，讓遊客親身感受香草的天然能量。

洄瀾後山的蔥鬱群山簇擁，飄渺煙霧繚繞下，天竺葵、鼠尾草、芳香萬壽菊……繁盛的香草在陽光下恣意綻放花朵、隨風輕輕擺頭，如詩如畫的田園風光，予人一種來到瑞士花園的錯覺。

赤腳享受療癒系香草假期

君達休閒農場的創辦人尹純綢，有感於香草對於人體的諸多功效，30多年前回到故鄉花蓮，於吉安栽植有機香草，經過多年深耕，讓香草芬芳的香氣散播在花蓮土地，從草木

扶疏的觀光農場，發展到精緻農產品牌，更費時3年打造香草主題度假旅宿「秧悦美地度假酒店」，讓香草的神奇自然之力與住宿體驗完整結合，為到訪的旅客帶來從頭到腳的七感療癒體驗。

「其實亞熱帶並不適合種植香草。」君達集團的總監尹秋明說。尹純綢與兄弟經過無數挫折，向改良場請益並不斷嘗試，終於讓外來種的香草在台灣的土壤紮根，漫步在香草園區，盛開的季節花朵與香草植物高低錯落，庭院中流水潺潺，青青草地襯托天竺葵、檸檬馬鞭草等植物優美的弧度造型，無論從什麼角度欣賞，都是讓人微笑的美好景致。

諾大的香草花園，仔細逛完要花上40分鐘，花園中央是一座香草迷宮，盡頭為樹齡40年的巨大澳洲茶樹。赤腳踩在土壤和草地

DATA
add 花蓮縣吉安鄉干城村干城二街95-1號
tel (03)852-5225
web www.yinsherb.com.tw

秩悅美地度假酒店發揮香草功效,帶來沉浸式的療癒度假體驗。

左／脫下鞋子在香草迷宮感受植物與大地能量。**右**／裝置藝術與庭院造景結合。

棕櫚樹圍繞的游泳池。左方的有機香草水療池，可將香草純露直接注入水中。

上「接地氣」，用手撫摸香草，讓天然精油在手中散發芳香，環抱迷宮盡頭的大樹，以最直接的方式感受自然能量，所有的壓力彷彿也跟著暖風暗香，隨之一掃而空。

洋溢生機的香草日常

從傳統觀光農場轉型，尹純綢將各種提升五感的體驗融入園區，坐落在花園中的獨立烹飪教室，讓主廚帶領學員們拎著提籃，走到戶外香草田摘取新鮮香草，學習製作健康

來到樂活館，工作人員首先殷勤遞上一杯花草茶，擷取園區內新鮮季節香草，用熱水沖泡的茶飲，清新香氣縈繞鼻尖，更有著鎮定心神的安撫效果，為來到園區內的旅人洗去一身疲憊，露出悠閒自在的笑容。

嘗試赤著腳踩踏土壤，接受來自大地的蓬勃生機。讓溫柔的土地和香草芬芳輕扶臉頰，沿著香草迷宮花園和散步道慢慢走，用心感受點滴綠意，將身心寄託在悠然自然之間，釋放緊繃疲憊的自我。

味美的香草料理。錯落於庭院中的還有茶室以及瑜珈室，讓旅客能夠在自然草花、蟲鳴鳥叫聲包圍下靜心品茶、冥想，讓身體隨著心靈沈澱。

樂活館內結合體驗教室以及優質農產品牌「秋田良品」，各種體驗課程讓參加者能夠從田園出發，藉由香草換盆、植物拓染、香草花圈等活動，真實探索香草的各種樣貌。從香草延伸到健康有機的生活概念，君達休閒農場積極和在地小農合作，為小農打造品牌，廚房裡也使用這些新鮮優質的食材，精心烹調成精緻的有機餐點，讓旅客享受美味並吃得健康安心，為支持台灣小農盡一份心力。

「只要來我們這邊，無論看到、吃到、摸到、玩到的，通通跟香草有關。」尹秋明說：「這是我們的核心價值，希望從香草發展出永續、有機的生命價值。」讓香草成為生活美學的一部分，創造出由內而外的放鬆環境，是大自然以及君達休閒農場，獻給繁忙都市人的珍貴贈禮。

左／藉由體驗認識每種香草的作用功效。**右**／東方美學打造的茶坊與日式竹林造景。

你也可以這樣玩

認識香草，調製專屬精油

「精油調製體驗」讓尋味而來的旅客可以親手調製專屬精油，並製作成可愛輕巧的精油防護項鍊。體驗從認識香草開始，逐一了解迷迭香、薰衣草、雪松等香氣的功效，嗅聞、感受精油芬芳後，挑選出3～4種精油不斷調和增減比例，最後調成喜歡的味道即可。在老師講解下不但能認識香草功效，體驗製作時前、中、後味的比例調整，沈浸在天然香氣的同時，也療癒守護了身心。

與大自然和諧共生的心靈旅宿

花蓮理想大地渡假飯店

宛如上帝的恩賜，讓「理想大地」在花東縱谷間以地下湧泉復育萬坪綠地，坐擁環河景觀別墅、美麗運河、古董家具、藝術藏品、有機建材等原創特色，入選「世界百大飯店」，同時揮灑服務熱情，讓旅人在此安頓身心，享受生命。

在安達魯西亞風格的里拉餐廳，享受豐盛美饌佳餚。

DATA
add 花蓮縣壽豐鄉理想路1號
tel (03)865-6789
web www.plcresort.com.tw

長達2.2公里的運河從每棟景觀別墅前流過，沿途花木扶疏，落英繽紛。

山很近，推開落地窗看見河，小船悠駛在2.2公里長的水道，穿過16座美麗橋樑，兩岸芳草碧綠，彷彿走入桃花源。當年梁清政看中這片土地，驚豔於荖溪和花蓮溪在此交會，一如《聖經》記載的「應許之地」，以拼圖方式一塊塊收購，為的就是創造令人感動讚嘆的渡假天堂。

歷經漫長艱辛的等待與規劃，「理想大地」自開幕以來，不僅榮獲無數「最佳飯店大賞」，2017年於Hotels.com評選的「全球七大遊船體驗旅宿」摘冠，更成為《100 Hotels + Resorts》書中、台灣唯一入選的「世界百大飯店」。

永續發展服務品質再升級

「要做就要做最好的！」創辦人梁清政邀請全球知名設計團隊WAT&G操刀，引進當地湧泉開闢運河，將飯店主體環繞，融合西班牙高第式美學，讓藤蔓點綴窗台牆圍，洋溢南歐浪漫風情。在22棟景觀別墅中，每間客房坐擁至少15坪空間、原木家具及依山面河的陽台，寢飾擺設散發歐陸鄉村氣息。

充滿熱忱的貼心服務是理想大地屢獲獎項的功臣，為了不斷升級，副董事長梁愛迪引進國外思維，與萬豪酒店集團的管理系統合作，並提倡環保理念，將客房提供的瓶裝水改用德國Brita濾水壺，沐浴用品則採台灣歐萊德的補充瓶，讓人在旅行中學習與大自然和諧相處。

上／南歐風格的建築坐擁綠色草坪，猶如置身異國。下／原木家具和寢飾擺設散發歐洲城堡風情。

你也可以這樣玩

搭竹筏賞生態，追尋獵人足跡

位於飯店內的豐之谷自然生態公園孕育著豐富的水生動植物，也是鳥類、昆蟲和蛙類棲息地。可以在馬廏改裝的教室體驗各種手作DIY、窯烤麵包，還能搭乘原住民竹筏遊河導覽，或騎單車暢遊壽豐美景。最精彩的，莫過於參加在地化的年度遊程「尋找獵人足跡」，從製作陷阱捕捉鳥禽的技巧學起，在山野中簡單生活。

全台創意生活事業總覽

北區

基隆
陽明海洋文化藝術館
一太 e 衛浴觀光工廠

台北
稻舍
戲台咖
繭裏子
竹里館
天和鮮物
好樣思維
私室 SELF
北投文物館
肯園新生活
富山香堂一青田店
誠品生活一信義店
誠品生活一松菸店

The One 中山概念店
台北蘇荷兒童美術館
天仁喫茶趣 chaFORTEA（衡陽店）
天仁喫茶趣 chaFORTEA（復興店）
天仁喫茶趣 chaFORTEA（內湖店）
天仁喫茶趣 chaFORTEA（中山店）
陽明山春天一心五藝文創園區
郭元益糕餅博物館一文化生活館
趣活 in STAGE 駁二設計師概念倉庫

新北
九份茶坊
山城美館
新旺集瓷
緩慢金瓜石
老鍋休閒農莊
三才靈芝農場
台灣民窯藝術坊
新太源藝術工坊
琉傳天下藝術館
阿原一淡水天光
新平溪煤礦博物園區
宏洲磁磚創意生活館
順天堂漢方養生園區
汪汪地瓜園產業故事館
手信坊創意和菓子文化館

桃園
可口可樂世界
金蘭醬油博物館
雅聞魅力博覽館
祥儀機器人夢工廠
郭元益糕餅博物館（楊梅館）

新竹
老鍋休閒農莊
進益摃丸文化會館
薰衣草森林（尖石店）
The One 南園一人文客棧

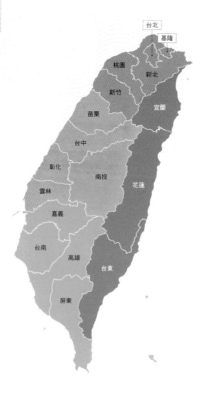

中區

苗栗
華陶窯
飛牛牧場
花露農場
五穀文化村
巧克力雲莊
山板樵農場
力馬生活工坊

三義一ㄚ箱寶
天仁茶文化館
金良興觀光磚廠
谷巴休閒度假村
薰衣草森林 (明德店)
雅聞七里香玫瑰森林
雅聞香草植物工廠
卓也小屋度假園區
竹南蛇窯一古窯生態博物館
天仁喫茶趣 chaFORTEA (竹南店)

台中

紙博館
樹合苑
玩劇島
紙箱王
心之芳庭
春稻藝術坊
好好 (西屯店)
安妮公主花園
寶熊漁樂碼頭
台灣氣球博物館
大甲三寶文化館
老樹根魔法木工坊
薰衣草森林 (新社店)
張連昌薩克斯風博物館
台灣味噌釀造文化館
后里薩克斯風玩家館
木匠兄妹木工房一創客體驗
朵薩身心美容有限公司 (台中旗艦館)
天仁喫茶趣 chaFORTEA (台中老虎城店)
Sylvia 創意小學堂一迷你 CNC 雕刻體驗館

彰化

台灣穀堡
台灣玻璃館
愛玩色創意館
白蘭氏健康博物館
台灣優格餅乾學院

南投

林班道
添興窯
紙農書院
廣興紙寮
遊山茶訪
九族文化村
小瑞士花園
茶二指故事館
青竹文化園區
牛耳藝術渡假村

宏基蜜蜂生態農場
妮娜巧克力夢想城堡
水里蛇窯陶藝文化園區
信義鄉農會梅子夢工廠
HUGOSUM 和菓森林紅茶莊園

雲林

黑金釀造館
老土藝術工作室
北港春生活博物館
晃陽綠能休閒農場
雅聞峇里海岸觀光工廠

嘉義

民雄金桔
阿里山賓館
台灣花磚博物館
新港香藝文化園區
板陶窯交趾剪黏工藝園區

台南

夕遊出張所
虱目魚主題館
安平亞果遊艇城
十鼓仁糖文創園區
奇美食品幸福工廠
吉而好文創觀光工廠
天一中藥生活化園區
華美光學 eye 玩視界
台南一家具產業博物館
趣活 cheer for 藍晒圖旗艦店

高雄

美濃窯
三和瓦窯
中外餅舖
沉香博物館
黃金菠蘿城堡
富山香堂夢時代店
舊振南漢餅文化館
原鄉緣紙傘文化村
紅頂穀創穀物文創樂園
天仁喫茶趣 chaFORTEA(高雄大遠百)
天仁喫茶趣 chaFORTEA(夢時代店)
趣活 in STAGE 駁二設計師概念倉庫

屏東

蜻蜓雅築

沙滔舞琉璃藝術空間
薰之園香草休閒農場

宜蘭

香草菲菲
Okme 醫遊館
菌寶貝博物館
亞典菓子工場
玉兔鉛筆學校
三富休閒農場
蠟藝蠟筆城堡
宜蘭餅發明館
養蜂人家蜂采館
橘之鄉蜜餞形象館
金車噶瑪蘭威士忌酒廠
國立傳統藝術中心宜蘭傳藝園區

花蓮

立川漁場
讚炭工房
君達休閒農場
緩慢石梯坪民宿
七星柴魚博物館
地耕味一玩味蕃樂園
拙而奇咖啡藝術空間
花蓮理想大地渡假飯店
蜂之鄉鳳林生態教育館

台東

布農部落休閒農場
台東原生應用植物園
池上飯包文化故事館

金門

金合利鋼刀

澎湖

篤行十村文化園區

體驗台灣 尋找我的創意生活風格

發行單位 經濟部工業局
地址 台北市信義路三段41-3號
電話 (02)2754-1255
網址 www.moeaidb.gov.tw

發行人 呂正華
編輯委員 楊志清、楊伯耕、林碧郁、陳國軒、黃元品、嚴秀芬
編輯小組 朱興華、詹偉正、林孟麗、陳招財、陳皇利、蔡孟辛、
　　　　 巫函穎、林燕妮、官力安、陳姿穎、楊濬維

策畫執行 財團法人中衛發展中心
地址 台北市杭州南路一段15-1號3樓
電話 (02) 2391-1368
網址 www.csd.org.tw

城邦書號 KB3049
版次 初版
出版日 2020.12
定價 220元
ISBN 978-986-533-100-9
GPN 1010902098

國家圖書館出版品預行編目(CIP)資料

體驗台灣：尋找我的創意生活風格. -- 初版. -- 臺
北市：經濟部工業局, 2020.12
面；公分
ISBN 978-986-533-100-9(平裝)

1.臺灣遊記 2.文化觀光 3.文化產業

733.6   109019223